AF611767

DESCRIPTION HISTORIQUE

DE

L'ÉGLISE

MÉTROPOLITAINE

DE SAINT-ÉTIENNE

de Sens.

La première édition de cette description de la Cathédrale de Sens, a paru à la fin des *Recherches historiques et anecdotiques sur la ville de Sens,* du même auteur; un gros vol. in-12 de 526 pag., qui se trouve chez les mêmes libraires ; prix broché : 3 francs.

Cette seconde édition contient environ 50 pages de plus que la première, et elle est d'un format plus grand.

On trouve chez les libraires du département de l'Yonne, plusieurs Ouvrages historiques, qui ont paru depuis quelques années, sur les principales villes de ce même département ; en voici le détail :

1° **RECHERCHES HISTORIQUES ET STATISTIQUES SUR AUXERRE**, ses monuments et ses antiquités, par M. *Leblanc*, ingénieur au Corps royal des Ponts-et-Chaussées. 2 vol. in-12, avec atlas. 1830.

2° **HISTOIRE DE LA VILLE D'AUXERRE**, par M. *Chardon*, président du Tribunal civil d'Auxerre. 2 vol. in-8°. 1834.

3° **MÉMOIRES HISTORIQUES SUR LA VILLE DE SEIGNELAY**, avec une carte et 2 plans des anciens châteaux ; par M. *Henry*, curé-doyen de Quarré-les-Tombes. Un vol. in-8°. 1833.

4° **HISTOIRE DE L'ABBAYE DE PONTIGNY**, avec 2 plans de l'abbaye, et une Vue du Tombeau de Saint-Edme ; par M. *Henry*, curé-doyen de Quarré-les-Tombes. Un vol. in-8°. 1839.

5° **PRÉCIS HISTORIQUE** et Anecdotes diverses sur la Ville et l'ancienne Abbaye de **VÉZELAY** et ses alentours ; par feu M. Nicolas-Léonard *Martin*, ancien curé de Vézelay, et ancien chanoine de Sens. Un vol. in-8°. 1832.

Cathédrale de Sens.

DESCRIPTION
DE L'ÉGLISE
MÉTROPOLITAINE
de St-Etienne de Sens;

RECHERCHES
HISTORIQUES ET ANECDOTIQUES

CETTE CATHÉDRALE,

SUR SA FONDATION ET SES EMBELLISSEMENTS,

Par M. Théodore Tarbé,

Membre Correspondant de la Société royale des Antiquaires de France,
et Correspondant du Ministère de l'Instruction publique,
pour les travaux historiques.

Seconde édition, corrigée, et augmentée des descriptions des objets antiques et curieux conservés au Trésor et de l'ancien retable d'or de cette église, de notices sur les anciennes cloches, sur la fondation et l'ornement des Chapelles, etc.

A SENS,

Chez T. TARBÉ, *Imprimeur-Libraire, Grande-Rue,* 148;

Chez les Libraires du département;

ET A PARIS,

Chez MOREAU, *Libraire, Place du Pont-St-Michel,* 43.

1841.

DESCRIPTION HISTORIQUE

DE LA

CATHÉDRALE DE SENS.

ÉTABLISSEMENT DU CHRISTIANISME A SENS.

Les historiens ne sont pas d'accord sur l'époque précise de l'établissement de la religion chrétienne à Sens. Les uns la placent dans le premier siècle, d'autres la rejettent au deuxième, d'autres au troisième ; mais comme la vérité des événements et leur intérêt, ne consistent pas seulement dans leurs dates, nous rapporterons en substance les faits relatifs à la première fondation de notre église, et nous suivrons, d'abord, l'opinion de ceux qui placent son berceau dans le premier siècle.

Dès que *saint Pierre* eut érigé à Rome le trophée de la Croix, il envoya *Savinien* et *Potentien* dans les Gaules pour y jeter les premières semences de l'Évangile, et leur donna pour coopérateur, dans cette sainte et pénible fonction, un chrétien aussi éclairé que pieux, nommé *Altin*. Sens était alors la principale ville des Gaules, et la métropole d'une province considérable. Ces trois apôtres dirigent leurs pas vers cette cité ; en passant par le Gâtinais, ils s'arrêtèrent quelque temps à Ferrières, y propagèrent le christianisme, et y laissèrent *Altin* pour achever leur ouvrage.

Arrivés à Sens, *Savinien* et *Potentien* vont s'établir à quelque distance de la ville, dans un faubourg nommé *le Vic* (1), et nommé depuis *le Vif*, par corruption. Un citoyen de qualité et très-riche, nommé *Victorin*, leur donna l'hospitalité, et reçut en échange le précieux don de la foi. Témoins de ce bonheur, *Sérotin* et *Eodalde*, Sénonais d'une naissance distinguée, annoncent le désir de le partager; on les en rend dignes par l'instruction, et peu après ils sont admis dans l'ordre sacré des Lévites.

PREMIÈRES ÉGLISES CONSTRUITES A SENS.

Le nombre des fidèles croissait de jour en jour, et il était question de trouver un lieu où l'on pût les rassembler pour la prière commune et l'administration des sacrements. Dans ce bourg du *Vic*, les Païens avaient un temple fameux; *Savinien* en chasse les idoles, et le consacre à Jésus-Christ sous le titre de *Saint-Sauveur*. Cette *première église* (2) de Sens a pris depuis le nom de *Saint-Savinien*.

Comme le zèle, et surtout celui de la religion, ne cherchent qu'à se répandre, *Savinien* envoya dans les principales villes des environs, des hérauts de l'Évangile, et se réserva le soin de faire la conquête de Sens. Dom *Mathoud* dit que

---

(1) *Vic* vient du mot latin *vicus*, qui signifie *bourg*. Clarius, dans sa chronique, nous apprend qu'en 1112, *Arnoul*, abbé de Saint-Pierre-le-vif, fit fortifier ce bourg d'un rempart et d'une palissade.

(2) Il ne faut pas confondre avec cette église, une chapelle appelée *Saint-Sauveur-des-vignes*, que *Magnus*, archevêque de Sens, fit construire et entourer d'un cimetière, près de la grande route de Sens à Mâlay-le-Roi.

saint Pierre et saint Paul apparurent à saint Savinien, lui annoncèrent leur mort, et lui ordonnèrent d'élever à Sens, une église sous leur invocation ; il ajoute que l'apôtre sénonais fit construire en conséquence l'église de Saint-Pierre-le-vif (1), laquelle fut ensuite augmentée et dotée par *Clovis*, à la prière de *Théodéchilde*, sa fille, qui y mit des religieuses sous la conduite d'*Amalbert*.

L'idolâtrie avait, au milieu de la ville, un temple fort grand. *Savinien* le renversa d'un souffle (*solo nutu*, dit Mathoud), et il fit bâtir au même lieu trois églises qui, par leur proximité, semblaient n'en former qu'une ; il les mit sous l'invocation de la sainte Vierge, de saint Jean-Baptiste et de saint Étienne.

Potentien et *Sérotin*, après avoir prêché l'Évangile à Orléans, à Chartres, à Paris et à Troyes, revinrent à Sens, où les attendait la palme du martyre. *Savinien* l'obtint le premier, ensuite *Victorin* qui la partagea avec son fils à peine âgé de sept ans. Comme *Savinien* disait la messe, dans la partie souterraine de l'église de Saint-Sauveur, il mourut de deux coups de hache qu'il reçut à

---

(1) *Savinien* fut le premier des prélats qui ont occupé le siége de Sens, et M. *de Loménie* a été l'un des derniers ; celui-ci a fait détruire de fond en comble cette église de Saint-Pierre-le-vif que l'apôtre de Sens avait fondée. On remarquera encore que M. *de Loménie* a été enterré dans le cimetière de Saint-Savinien, près de cette église où le premier évêque de Sens était mort pour la Foi, plus de quinze cents ans auparavant. Le jour que M. *de Loménie* mourut, son église cathédrale, à laquelle il avait renoncé depuis trois mois, fut convertie en temple de la Raison, et défense fut faite d'y célébrer dorénavant la la messe.

la tête. *Potentien*, son successeur dans l'épiscopat, ne lui survécut que d'un an ; il versa son sang pour la Foi, ainsi que *Sérotin*, *Altin*, *Eodalde*, et nombre d'autres chrétiens qui furent tous inhumés dans les cryptes de Saint-Sauveur, théâtre de leur martyre.

Les cryptes étaient des espèces de grottes ou de voûtes souterraines, où les premiers chrétiens se retiraient pour leurs exercices de religion, pendant les persécutions des princes idolâtres. La paix ayant été rendue aux églises, on les conserva avec vénération comme les berceaux de la Foi que les premiers apôtres y avaient enseignée, comme des lieux qu'ils avaient honorés de leur présence, sanctifiés par leurs prières et leurs veilles, et arrosés quelquefois même de leur sang. On y mettait souvent en dépôt les reliques des martyrs (1). Dans beaucoup de villes, il existe encore de ces cryptes, pratiquées sous certaines églises, de l'antiquité desquelles elles sont une marque assurée. A Sens, il n'y a plus aujourd'hui que la crypte de Saint-Savinien qui ait échappé aux ravages des temps, aux guerres religieuses et aux révolutions. Dans la cathédrale, il y en avait anciennement trois, placées dans l'endroit où sont aujourd'hui, derrière le sanctuaire, la chapelle de saint Savinien, et les deux chapelles adjacentes, dédiées à sainte Colombe et à Notre-Dame de Lorette. Elles servaient de

(1) L'usage des *lampes* et des *cierges*, conservé aujourd'hui même dans les églises les plus éclairées, est dû à la profonde obscurité qui régnait dans ces cryptes, et ce fut encore, moins pour les décorer que pour les rendre plus sombres, que l'on imagina par la suite de peindre les vitraux de nos temples.

lieux d'assemblée pour les chrétiens de la ville qui y célébraient les saints mystères, comme la crypte de Saint-Savinien servait aux néophytes du faubourg. Celles de la cathédrale subsistèrent dans leur premier état jusques sous *Archambauld*, en 958; alors elles furent totalement détruites par un incendie, avec la grande église.

Les trois cryptes de la cathédrale étaient d'abord ces trois chapelles que saint Savinien avait fondées et dédiées à la Vierge, à saint Jean-Baptiste et à saint Étienne. Si l'on en croit plusieurs annalistes, ce ne fut que sur la fin du 3e siècle, et non dans le premier (1), que furent construites primitivement ces trois chapelles. A cette époque, on commença à bâtir quelques oratoires; cependant, Sens resta encore en grande partie sous le joug de l'idolâtrie, jusqu'à l'an 484 ou 85 environ, que *Clovis* fit mourir *Syagrius*, grand-maître de la milice romaine. On put donc alors renverser librement les temples du paganisme et leurs idoles, construire des oratoires et des chapelles, et y adorer en paix le Tout-Puissant. *Constantin* ayant permis de changer les cryptes en églises, les fidèles, par respect, bâtirent leurs temples dans le même emplacement et conservèrent même ces cryptes.

---

(1) On a peine à croire en effet que *Savinien*, dans le 1er siècle, comme le prétendent quelques-uns de nos historiens, aussitôt son arrivée, ait renversé les temples dédiés à Mercure et à Bacchus pour bâtir une église sur leurs fondements. D'autres disent qu'il éleva cette église à côté de ces temples mêmes. Il n'est pas vraisemblable que ce saint apôtre ait pu fronder alors aussi ouvertement un peuple d'idolâtres qui n'eussent point laissé un tel affront impuni.

Robert, moine de Saint-Marien d'Auxerre, dit que ces trois chapelles furent bâties par saint Savinien, au milieu de la ville. Elles étaient isolées et séparées l'une de l'autre, car on voit dans la vie de *saint Loup* qu'il rencontra *saint Willebaud* dans le passage entre Notre-Dame et Saint-Étienne. La chapelle dédiée à ce saint martyr était au milieu, la chapelle consacrée à la Vierge était à droite, et celle de Saint-Jean-Baptiste était à gauche. Chacune avait son clergé particulier qui célébrait son office à des heures distinctes ; cet usage se pratiqua pendant plusieurs siècles, jusqu'à ce que le Chapitre de Saint-Étienne eût admis au chœur de la grande église et à toutes les distributions, d'abord les Chapitres de Notre-Dame et de Saint-Jean, ensuite celui de Saint-Pierre qui fut fondé en 1180, par *Guy de Roye*, et enfin celui de la Madeleine-du-Trésor, fondé en 1189.

Mézeray a observé que, dans le 8e siècle, les églises et la plupart des autres bâtiments étaient en bois, et qu'on ordonna lors que les autels fussent en pierre (1). Il est vraisemblable que la cathédrale de Sens, jusqu'au milieu du

---

(1) Les premiers autels furent faits en bois, et même il y en eut de *portatifs*. Saint Wulfran, archevêque de Sens, est le premier en France qui se soit servi d'un autel portatif, suivant *Fleury*, historien ecclésiastique. Cet autel était en forme de bouclier carré ; il y avait des reliques aux quatre coins et dans le milieu. Dans d'autres autels, on plaçait les châsses les plus précieuses ; un simple rideau les cachait par-devant, et on les découvrait aux regards des fidèles dans les grandes solennités. Par la suite, ces rideaux ont été remplacés par des devants d'autels plus ou moins richement décorés.

10e siècle, ne fut pas construite plus solidement : cela a été justifié par sa ruine arrivée plusieurs fois, soit par les incendies, soit parce qu'elle était construite avec de mauvais matériaux qui ne résitaient pas longtemps aux injures de l'air.

Lyon est la seule ville qui ait comme Sens une cathédrale formée de trois églises réunies, savoir : de Saint-Étienne, Saint-Jean et Sainte-Croix ; à la place de cette dernière, la cathédrale de Sens a eu la chapelle de la Vierge. A Sens ainsi qu'à Lyon, la chapelle de Saint-Jean-Baptiste servait, dans l'origine, de baptistère pour toute la ville (1) ; mais la différence est qu'à Lyon la cathédrale n'a pas pris le nom de *Saint-Étienne* comme à Sens, mais celui de Saint-Jean au lieu de Saint-Étienne dont la chapelle était cependant au milieu, mais plus petite que les deux autres, et sans doute moins à la portée des habitants. La cathédrale de Sens a porté quelque temps le nom de *Notre-Dame ;* un ancien diplôme en fait foi (2), mais le nom de Saint-Étienne a fini par y obtenir la préférence, comme à Lyon celui de Saint-Jean, et comme dans d'autres villes celui de Notre-Dame, sur d'autres chapelles adjacentes.

---

(1) Jusqu'à la révolution de 1789, les fonts baptismaux sont restés à Sens dans la chapelle de Saint-Jean. M. *de Loménie* les fit transférer dans la chapelle de Sainte-Croix, lors de la suppression de la paroisse de ce nom. On n'aurait jamais dû les déplacer, par respect pour un usage qui date des premiers siècles du christianisme.

(2) On lit ce passage dans le titre par lequel les chanoines de la cathédrale admirent au chœur de l'église de Sens, les chanoines réguliers de Saint-Jean, en l'année 1111 : *Stephanus præpositus postulavit à canonicis* Beatæ Mariæ *Sti Stephani Senonensis ecclesiæ, etc.*

Les cryptes et les chapelles de l'église de Sens, fondées et bâties par saint Savinien, subsistèrent donc à peu près, dans leur premier état, jusques sous *Vénilon*; elles tombèrent alors de vétusté, mais ce prélat les fit rétablir et relever à ses frais, et en fit la dédicace en l'honneur de Sainte-Croix, le 4 des Ides de décembre de l'année 841.

Elles ne subsistèrent guère longtemps, car nous voyons dans Taveau que 86 ans après, *Atalde*, surnommé *le Vénérable* (qui mourut en 932), les fit encore réparer à ses frais, parce qu'elles menaçaient ruine. Le *Gallia Christiana* dit seulement qu'*Atalde* fit réparer l'église de la vierge Marie; mais, comme nous l'avons déjà observé, peut-être l'église de Sens portait-elle alors indifféremment le nom de Notre-Dame ou celui de Saint-Étienne.

L'an 970, au mois de juillet (d'autres disent 968 ou 969), sous l'épiscopat d'*Archambauld*, noble d'extraction, mais ignoble de mœurs, mauvais chrétien et mauvais prêtre (1), l'église de Saint-Étienne fut brûlée entièrement et détruite jusqu'aux fondements, ainsi que les deux chapelles adjacentes. Le cloître des chanoines, la librairie ou bibliothèque et les archives devinrent aussi la proie des flammes. Ornements, vases sacrés, reliques, tout fut en-

---

(1) Cet indigne prélat menait la vie la plus scandaleuse à Saint-Pierre-le-vif, dont il révoltait les moines par ses excès en tout genre. Il y entretenait un nombre infini de femmes, de chevaux, de chiens et d'oiseaux. Ses revenus ne suffisant pas pour tant de dépenses, il s'empara des biens de l'église, en vendit les ornements, réduisit les moines de son diocèse à la dernière nécessité, en fit tuer 12 en une nuit, et chassa honteusement ceux de Saint-Pierre-le-vif, et de plusieurs autres monastères.

combré sous les ruines de l'édifice qui s'écroula au milieu de l'embrasement.

Quelques auteurs, partisans d'*Archambauld*, disent que ce prélat, au mois d'août suivant, fit d'abord refaire les grottes ou cryptes, puis relever le sanctuaire, mais on a peine à croire à une pareille action de la part d'un homme qui, selon le plus grand nombre de nos annalistes, remplissait au déshonneur de l'église la place d'archevêque de Sens, et dont le nom, suivant eux, mériterait d'être rayé du tabulaire des prélats qui ont occupé ce siége.

FONDATION ET CONSTRUCTION DE LA CATHÉDRALE ACTUELLE.

Dieu ayant pitié de l'église de Sens, lui envoya un nouveau Zorobabel qui prit soin de son culte, et travailla à relever son temple. *Saint Anastase*, surnommé l'*Homme de Dieu*, bien différent d'Archambauld, son prédécesseur, pour ses mœurs et son zèle religieux, commença en 972 à jeter les fondements de ce vaste édifice. C'est ce prélat vénérable qui doit être regardé à juste titre comme le vrai fondateur de la cathédrale; c'est lui qui en forma par conséquent le plan et qui en donna le dessin tel qu'il a été suivi, sauf celui de la croisée qui est du 13e siècle. Il disposa les trois chapelles dans l'ordre où elles étaient placées auparavant, c'est-à-dire Saint-Etienne au milieu, celle de la Vierge à droite, et celle de Saint-Jean à gauche. Il conduisit le chœur jusqu'aux chapiteaux des piliers; mais la mort l'arrêta dans l'exécution de ses pieux desseins.

Anastase avait racheté la plus grande partie des biens de l'église qu'Archambauld avait donnés à titre de récompensa aux compagnons de ses exploits militaires (1). Inépuisable en aumônes, quand il avait épuisé les ressources que lui fournissaient son économie et son abstinence (2), il en parlait aux Rois et aux Princes, et sollicitait des secours pour subvenir aux frais des immenses constructions qu'il avait entreprises. Enfin il donna tous ses biens pour doter les Chanoines de Notre-Dame et de Saint-Jean, dont les chapelles furent bâties et terminées avant Saint-Etienne; car on lit dans une chronique que le Synode de 980 se tint dans la chapelle de la Vierge, celle de Saint-Etienne n'étant point encore achevée.

Sévin lui succéda en 977. Ce prélat, d'un génie vaste et d'un courage à toute épreuve, vint à bout d'achever l'édifice. Il y sacrifia tout son patrimoine et vécut avec austérité; mais l'église de Saint-Etienne resta quelques années sans bénédiction, parce que le comte Raynard l'empêchait;

---

(1) *Elpon* ou *Elpoin*, commandant les troupes saxonnes, envoyé par l'empereur pour venger l'évêque de Troyes que Robert, comte de Champagne, père d'Archambauld, avait chassé de la ville, se rendit dans la plaine de Villiers-Louis, pour battre une armée commandée par Raynard, comte de Sens, et Archambauld, qui volait au secours de son père. Le prélat sénonais tailla en pièces l'armée d'Elpoin, et fit mordre la poussière à ce chef orgueilleux qui avait annoncé hautement qu'il planterait sa lance sur la porte de Saint-Léon de Sens, appelée depuis porte de Notre-Dame : cette victoire rendit Archambauld encore plus audacieux et plus extravagant dans ses plaisirs.

(2) Saint Anastase se rendit recommandable par de longs jeûnes. Depuis le jour de son ordination jusqu'au jour de sa mort, il ne mangea point de viande. Il rappela tous les religieux qu'Archambauld avait expulsés, et fit construire autant de lieux saints que son prédécesseur en avait démoli ou profané.

Sévin fut même sacré à Auxerre, à cause des persécutions qu'il éprouvait à Sens de la part de Raynard. Cependant il parvint à faire la dédicace de la cathédrale, le 13 octobre 999, avec trois de ses suffragants : *Héribert*, d'Auxerre; *Roëlin*, de Nevers; et *Milon*, de Troyes. *Sévin*, à côté de son église, fit construire aussi un palais archiépiscopal.

En 1122, soit que les ouvrages eussent été faits à la hâte, soit qu'ils eussent été conduits par de mauvais constructeurs, l'église menaça ruine, et *Daimbert*, archevêque de Sens, la fit réparer. (Nous pensons que cela doit s'entendre particulièrement des voûtes). Ce fut aussi sous son épiscopat que l'on réunit, au moyen des bas-côtés, les chapelles de Notre-Dame et de Saint-Jean à la mère-église. Ces deux chapelles ont eu longtemps chacune un portail libre et apparent, en face de l'autel; ils ont été depuis masqués ou plutôt supprimés, lors de la construction de la croisée, en 1491.

Hugues *de Toucy*, archevêque de Sens, mort en 1168, fit faire des réparations considérables dans la cathédrale.

En 1184, sous Guy de Noyers, l'église de St-Étienne fut plus d'à moitié brûlée. Philippe-Auguste la fit réparer; ce prince fit aussi élever la *Tour de plomb*, que l'on a depuis ainsi appelée, parce que n'ayant pu être terminée à cause des guerres, on l'a couverte en lames de ce métal.

En 1267, la surveille de Pâques, la *Tour de pierre* que l'évêque Sévin avait fait élever, menaça ruine : elle tomba le surlendemain avec un fracas épouvantable, tua tous ceux qui passaient sur la place, ruina les édifices voisins et écrasa les personnes qui s'y trouvaient. Voici comment la chronique de Saint-Pierre-le-vif rapporte ce malheur :

Anno milleno centum bis LV cum duodeno,
In cœnâ domini, Senonis tam turris amena
Incœpit cadere, per quam plures periêre,
Indè die ternâ fuit hujus tota ruina.

Pierre de Charny, sous le pontificat duquel ce désastre arriva, travailla à relever la tour de pierre, que l'on appela également par la suite *Tour neuve*. Il fit aussi terminer la tour de plomb, et la fit couvrir telle qu'on la voit aujourd'hui. Il employa à ces réparations le produit d'une table de vermeil que l'on plaçait devant le maître-autel, et qui avait été donnée à l'église par Sévin, ainsi que cet autre magnifique rétable qui fut porté à la Monnaie en 1760.

En 1294, Étienne *Béquard*, archevêque de Sens, laissa par testament 1,200 livres (somme alors fort considérable) pour l'entretien de la cathédrale et pour faire les vitres. D'autres disent qu'il fit un don de 500 livres de rente, dans la même intention.

La même année 1294, le pape Célestin accorda une bulle pour les réparations de cette église, dont quelques parties tombaient en ruine; il ordonna qu'elle serait rétablie aux frais des bénéficiers du diocèse.

La croisée, cette partie de l'église qui la traverse entre le chœur et la nef, fut commencée en 1491, au mois d'avril. Ce fut Guillaume *Gennart*, doyen de Sens, décédé en 1492, qui posa la première pierre de la *porte d'Abraham*, ainsi appelée parce que ce patriarche immolant son fils y fut représenté sur le pilier du milieu. Dom Morin, *Histoire du Gâtinais*, dit que Guillaume II de Melun, fit bâtir le portail d'Abraham, et y fit mettre ses armes; comme ce prélat est mort en 1376, nous présumons que ce fut plutôt Louis de Melun qui abdiqua en 1474, et qui aura peut-être laissé au Chapitre une somme dans cette intention ; il est certain qu'on y remarque les armes de la maison de Melun. La belle rose en vitraux peints, que l'on admire au-dessus de ce portail, fut faite aux frais de Gabriel *Gouffier*, doyen de Sens, décédé en 1519. Elle représente le Paradis, on y distingue le bienfaiteur avec ses armoiries : il semble se recommander aux prières de ceux qui contempleront la beauté de cet ouvrage.

Cette vitre est moins grande, mais elle est bien plus estimée que celle qui est vis-à-vis, au-dessus du portail de l'Archevêché. Ce dernier fut fait, ainsi que le vitrail qui est au-dessus, aux frais et par les soins de Tristand de Sallazar, archevêque de Sens ; on y remarque également ses armoiries.

Ce ne fut guère que sous l'épiscopat de Sallazar que la cathédrale parvint à cet état de perfection où nous la voyons aujourd'hui (1). En 1506, il fit faire la charpente des grandes voûtes ; et il donna, à différentes reprises, des sommes considérables pour l'embellissement et les réparations de cette église. Sous François Ier, on distribua aux églises de France l'argent qui était destiné pour une croisade contre les Turcs. Sallazar, vers l'an 1518, obtint une

(1) Le cadran et ses accessoires qui sont au-dessus du portail principal de la cathédrale, ont été faits aux dépens de Tristan de Sallazar. Peu de prélats ont comblé l'église de Sens d'autant de bienfaits et de libéralités. Il laissa en mourant les plus grands regrets au Chapitre et à la Ville, auxquels sa mémoire fut longtemps chère. Ce fut encore Sallazar qui donna à la cathédrale un magnifique calice d'or qui, en 1526, fut vendu 1700 ducats pour servir à la rançon de François Ier.

somme qu'il employa particulièrement à élever et à décorer la tour de pierre. On y voyait autrefois ses armes et celles du Roi. Le vandalisme les a fait disparaître en 1794. Auparavant, la tour de pierre était de la même hauteur que la tour de plomb, et couverte pareillement de même métal. Seulement au faîte de la tour de pierre, était autrefois une tourelle où l'on avait placé une guérite pour servir de guet à la ville (1), et de plus une horloge qui appartenait à la Commune. On lit dans les *Mémoires de littérature* que Charles V paya la moitié d'une lanterne de bois faite pour contenir une horloge placée au haut de la cathédrale de Sens. En effet, cette horloge fut faite par Pierre *Mellin*, horlogeur du Roi, et mise avec sa cloche nouvelle au-dessus de la tour de pierre, en décembre 1377; Charles V paya 500 francs d'or. Dans un compte de la Ville, de l'an 1475, on voit que le droit de maille sur le pain, accordé l'année précédente, par une charte de Louis XI, était pour l'entretien de cette même horloge.

Sallazar fit donc élever la tour de pierre jusqu'à la lanterne qui la termine, mais cette lanterne ne fut terminée qu'en 1532 et années suivantes, par le cardinal Duprat qui donna, pour cette construction, 1,700 livres, somme qui aujourd'hui vaudrait plus du quadruple. La lanterne étant achevée, on y plaça l'ancienne horloge. La nouvelle qui nous annonce aujourd'hui les heures, a été faite en 1731, aux frais de la Ville.

(1) Les comptes de *Jean de Savigny*, procureur de la ville, de 1368 à 1374, prouvent que le guet a toujours été en cette tour; il y a été continué pendant les guerres des Normands, Bourguignons, Anglais, Huguenots, etc.

Godinet, architecte et sculpteur célèbre, natif de Troyes, est celui qui a conduit la construction de la tour de pierre et de la lanterne, faite sous Sallazar et Duprat. Cet artiste a exécuté d'autres embellissements dans l'intérieur de la cathédrale.

Nos historiens ne nous ont pas transmis les noms des autres architectes qui ont dirigé antérieurement les diverses parties de ce bel édifice.

Avant 1774, il y avait au sommet de la lanterne une statue colossale de 6 pieds 6 pouces de haut, en bois, et revêtue de plomb ; elle représentait un Sauveur ressuscité, tenant sa croix d'une main, et de l'autre donnant sa bénédiction (1). Elle y avait été placée en 1702, suivant la

(1) Cette figure qui représentait Jésus-Christ, était cependant appelée vulgairement *Dieu le Père*. Le dimanche 19 juin 1774, elle fut frappée du tonnerre qui l'ébranla et y mit le feu, à 4 heures et demie du matin ; des secours prompts arrêtèrent les progrès de l'incendie. La statue fut provisoirement étayée et assujettie à sa base avec des cordes, pour empêcher sa chute totale. Il y eut contestation entre la Ville et le Chapitre pour savoir aux dépens de qui la statue serait ou réparée ou descendue. Le Chapitre prétendait avec raison que la lanterne où se faisait autrefois le guet, et où l'horloge de la ville était placée, appartenait à la Ville ; le corps municipal objectait, sans soutenir le contraire, que le *Sauveur* devait être particulièrement entretenu par l'église. En attendant une décision, le Procureur du Roi, par sentence du Bailliage, fut autorisé à faire descendre la statue, aux dépens de qui il appartiendrait, par provision, et sans préjudicier aux droits des deux corps. Elle fut descendue le 21 juillet. Le plomb qui pesait 214 livres, et le fer et le bois provenant de la statue, furent vendus, et le produit de cette vente excédant de 3 liv. 18 sous les frais de démolition et de descente, cette somme fut déposée au greffe. Comme il avait été dit dans la sen-

date qu'on y a remarquée au bas, lorsqu'on l'a descendue.

Auparavant, il y en avait une autre qui fut mise le 21 juillet 1582, par Jean Pouville, couvreur; elle était pareillement de bois et couverte en plomb; et, avant celle-ci il y en avait une en pierre, qui fut probablement posée en l'an 1534 ou environ, après la construction de la lanterne; ainsi il est évident que ces statues exposées aux injures de l'air avaient souvent besoin d'être renouvelées.

Avant de parler de l'intérieur de la cathédrale, des embellissements particuliers qu'elle a reçus en différents temps, et de quelques événements célèbres qui s'y sont passés, nous donnerons ici un tableau comparatif de ses dimensions avec celles de quelques autres basiliques.

On remarquera aisément que la tour de pierre ayant 42 toises d'élévation, et la longueur de l'église depuis la base de cette tour jusqu'au chevet de la chapelle Saint-Savinien, étant de 58 toises 4 pieds, il y a une différence de 16 toises 4 pieds. Cette église est construite devant une grande place qui a 43 toises 5 pieds de long, ce qui fait 11 pieds de plus que la hauteur de la tour de pierre.

La *croisée* de cette cathédrale a des proportions moins correctes que celles des autres églises avec lesquelles on la compare. Elle n'a que 6 toises 4 pieds de large, tandis que la nef a 7 toises 2 pieds; la largeur devrait être la même, et sa voûte est aussi plus élevée.

---

tence, qu'à défaut le deniers suffisants pour payer ces frais, il serait délivré un *exécutoire* sur le Chapitre, ce corps en appela seulement quant à ce grief.

A la suite du tableau comparatif des dimensions de la cathédrale, nous donnons la liste chronologique des prélats qui ont occupé le siége de Sens, depuis saint Savinien jusqu'à M. de Loménie. Cette liste est littéralement copiée sur le tableau du sanctuaire de la cathédrale, que l'on doit regarder comme ayant été dressé d'après les notes les plus authentiques; il y fut placé en 1751.

DIMENSIONS ET MESURES PARALLÈLES DES ÉGLISES.

De Saint-Pierre de ROME,
De Notre-Dame de PARIS,
De Saint-Pierre de TROYES,
De Saint-Étienne de SENS.

(*Les dimensions sont en toises et en pieds.*)

Dimensions.	*Rome.*		*Paris.*		*Troyes.*		*Sens.*	
	t.	p.	t.	p.	t.	p.	t.	p.
Longueur intérieure. . .	94	»	63	»	58	3	58	4
Longueur extérieure. . .	110	»	68	»	60	»	67	»
Largeur intérieure. . . .	70	»	25	»	25	4	19	»
Largeur de la nef.	13	4	6	4	5	4	7	2
Largeur de la croisée. . .	13	4	6	4	5	4	6	4
Hauteur des voûtes sous clef.	24	»	16	2	15	»	15	»
Hauteur de la coupole ou des tours.	66	»	33	»	32	»	42	»

SERIES PONTIFICUM SENONENSIUM.

S. Savinianus, *circiter annum* 240 *sedebat.*
Potentianus *ceu* Potentius.
Leontius.
Severinus, *circiter annum* 365 *sedebat.*
Audaldus.
Heraclianus.
Lunarius.
Simplicius.
S. Ursicinus.
Théodorus.
Siclinus.
S. Ambrosius.
S. Agrœtius, *circiter annum* 473.
S. Heraclius, *circiter annum* 495.
S. Paulus.
S. Leo, *vixit ad annum* 538.
Constitutus, *circiter annum* 570.
S. Arthemius, *mortuus anno* 609.
S. Lupus I, *m.* 623.
Richerius I *ceu* Mederius, *circiter annum* 625.
Hildegarius, *circiter annum* 631.
S. Aümbertus *ceu* Honobertus, *circiter annum* 650.
Armentarius, *circiter annum* 653.
S. Arnulphus *ceu* Aunulphus.
S. Emmo, *mortuus anno* 675.
Landobertus, *circiter annum* 677.
S. Wulfrannus, apostolus Frisiæ, *circiter annum* 693.
S. Goericus, *circiter annum* 697.
S. Ebbo, *circiter annum* 740.
S. Merulphus, *depositus anno* 744.
Ardobertus, *electus anno* 744.
Lupus II, *circiter annum* 765.
Willicharius, archiepiscopus Galliarum, *circiter annum* 769.
Godescalchus.

S Gumbertus.
Petrus.
Willebaldus.
Bernaredus, *circiter annum* 794.
Ragimbertus, *circiter annum* 796.
Magnus, *mortuus post* 816.
Hieremias, *m. anno* 828.
S. Aldricus, *m.* 840.
Wenilo, *m.* 865.
Egilo, *m.* 870.
Ansegisus, Germaniæ et Galliarum primas, *mortuus* 882.
Everardus, *m.* 887.
Walterius I, *m.* 923.
Walterius II, *m.* 927.
Ataldus (venerabilis), *m.* 932.
Willelmus, *m.* 938.
Gerlannus, *m.* 950.
Hildemannus, *m.* 955.
Archembaldus, *m.* 965.
S. Anastasius, *m.* 977.
Seuvinus, *m.* 999.
Leothericus, *m.* 1032.
Gelduinus, *depositus anno* 1049.
Mainardus, *m.* 1062.
Richerius II, *m.* 1096.
Daimbertus, *m.* 1122.
Henricus Sanglier, *m.* 1143.
Hugo de Toucy, *m.* 1168.
Guillelmus de Champagne, cardinalis, archiepiscopus Remensis, *anno* 1177.
Guido de Noyers, *m.* 1193.
Michael de Corbeil, *m.* 1199.
Petrus de Corbeil, *m.* 1221.
Galterus Cornut, *m.* 1241.
Gilo Cornut I, *m.* 1252.
Henricus Cornut, *m.* 1258.

Guillelmus de Broce I, *abdicavit anno* 1267.
Petrus de Charny, *m.* 1274.
Petrus d'Anisy, *m.* 1274.
Gilo Cornut II, *m.* 1292.
Stephanus Béquard de Penoul, *m.* 1309.
Philippus Leportier de Marigny, *m.* 1316.
Guillelmus I de Meleun, *m.* 1329.
Petrus Roger, cardinalis, summus pontifex Clemens VI.
Guillelmus de Broce II, *m.* 1338.
Philippus de Meleun, *m.* 1345.
Guillelmus II de Meleun, *m.* 1376.
Ademarius Robert, *m.* 1385.
Guntherus de Bagneaux, *m.* 1386.
Guido de Roye, archiepiscopus Remensis.
Guillelmus de Dormans, *m.* 1405.
Joannes de Montaigu, *m.* 1415.
Henricus de Savoisy, *m* 1422.
Joannes de Nanton, *m.* 1432.
Ludovicus de Meleun, *abdicavit anno* 1474.
Stephanus Tristand de Sallazar, *m.* 1519.
Stephanus de Poncher, *m.* 1525.
Antonius Duprat, cardinalis, legatus, cancellarius, *m.* 1535.
Ludovicus de Bourbon, cardinalis, *m.* 1557.
Joannes Bertrandi, cardinalis, *m.* 1560.
Ludovicus de Lorraine, cardinalis de Guise, *abdicavit, m.* 1563.
Nicolaus de Pellevé, cardinalis, *m.* 1594.
Reginaldus de Beaune, eleemosynarius, *m.* 1606.
Jacobus Davy Duperron, cardinalis, magnus eleemosynarius, *m.* 1618.
Joannes Davy Duperron, *m* 1621.
Octavus de Saint-Larry de Bellegarde, *m.* 1646.
Ludovicus-Henricus de Gondrin, *m.* 1674.
Joannes de Montpézat de Carbon, *m.* 1685.
Harduinus Fortin de la Hoguette, comes consistorii, *m.* 1715.
Dionysius-Franciscus Bouthillier de Chavigny, *m.* 1730.
Joannes-Josephus Languet, comes consistorii, regiæ Navarræ (domus) superior, *m.* 1753.
Paulus d'Albert de Luynes, cardinalis, *m.* 1788.

Stephanus-Carolus de Loménie de Brienne, cardinalis, minister, *m.* 19 februarii 1794.

(Petrus-Franciscus-Marcellus de Loménie, coadjutor archiepiscopi Senon., occisus 10 maii 1794.)

VACANCE DU SIÉGE — Loménie de Brienne *préta le serment à la constitution civile du clergé en* 1791, *et en vertu de la nouvelle circonscription des diocèses, il prit le titre* d'évêque *du département de l'Yonne. — Ce siége fut supprimé en* 1801, *et ce département a été compris depuis dans le nouveau diocèse de Troyes, jusqu'en* 1817. — *L'archevéché de Sens ayant été rétabli*, M. de La Fare, *quoique nommé en* 1817, *n'a été installé que le* 28 *décembre* 1821, *après* 27 *ans* 10 *mois de vacance du siége de Sens.*

Anna-Ludovicus-Henricus *de La Fare*, cardinalis, installatus 29 novemb. 1821; mortuus 10 decemb. 1829.

Joannes-Josephus-Maria-Victor *Cosnac*, installatus 4 novemb. 1830.

SUITE DE LA DESCRIPTION

DE LA CATHÉDRALE DE SENS.

L'intérieur de cette église offre aux regards des curieux plusieurs objets qui, la plupart, ont peu de mérite pour les amateurs des beaux-arts, mais qui sont remarquables par les traits historiques dont ils rappellent le souvenir.

Au premier gros pilier de la nef, proche de la porte de l'église, et du côté opposé à la chaire, on remarque une petite figure grosse comme le poing, placée à 20 pieds environ d'élévation, entre 2 colonnettes qui font partie du pilier. Cette petite tête, appelée vulgairement *Pierre du Cuignet*, *du Coignet* ou *du Coignot*, rappelle un trait historique relatif à *Pierre de Cugnières*, avocat-général du Parlement de Paris, que l'on a voulu ridiculiser ainsi, pour venger le clergé des entreprises qu'il avait tentées contre sa juridiction. Pierre de Cugnières prétendait que le clergé anticipait journellement sur l'autorité royale et séculière, et voulut faire cesser ces abus : sur quoi le roi Philippe de Valois, convoqua dans son palais, en 1330, les députés laïques de son royaume, pour décider leur différend avec le clergé si vivement attaqué. Vingt prélats y comparurent; les seigneurs complaignants apportèrent leurs mémoires : leurs plaintes et celles du parlement furent rédigées par *P. de Cugnières*. Il commença son discours par ce texte de l'Évangile : *Rendez à César ce qui est à César, et à Dieu ce qui appartient à Dieu.* Après avoir exposé tous ses griefs contre le clergé, dont Voltaire porte le nombre à 66, l'orateur conclut à ce que les prélats se contentassent du *spirituel*, et de la protection que le Roi leur accordait à cet égard, et à ce que le *temporel* appartînt au souverain et aux seigneurs laïques. Voltaire rapporte, avec un ton amèrement ironique, le précis de la réponse que fit *Pierre Roger*, alors archevêque de Sens, et qui fut depuis élevé au trône pontifical, sous le nom de Clément VI (1). Il déclara d'abord qu'il ne parlait point pour être jugé, mais pour juger ses adversaires, et pour instruire le Roi de son devoir. Il dit que Jésus-Christ, étant Dieu et homme, avait eu le pouvoir

(1) Ce prélat passait dans son temps pour un vaste génie. *Pétrarque* a beaucoup loué sa mémoire dont il fut, dit-on, redevable à un coup de pierre qu'il avait reçu à la tête, dans sa jeunesse.

spirituel et *temporel*, et que, par conséquent, les ministres de l'église, qui lui avaient succédé, étaient les juges-nés de tous les hommes sans exception. Il ajouta :

> Sers Dieu dévotement ;
> Baille-lui largement ;
> Révère sa gent (*ses gens ou ses ministres*)
> dûment ;
> Rends-lui le sien entièrement.

Ces rimes, dit Voltaire, firent un très-bel effet. Le roi se montra favorable aux ecclésiastiqes, et le Pape Jean XXII lui-même l'en remercia.

Mais Pierre de Cugnières ne s'étant point tenu pour battu, continua, avec plus d'ardeur qu'auparavant, ses efforts pour ruiner entièrement la juridiction ecclésiastique. Le roi convoqua une nouvelle assemblée, le 7 décembre 1335, au bois de Vincennes. L'affaire y fut discutée de part et d'autre, examinée avec soin dans plusieurs séances, et débattue en présence du roi, des princes et des seigneurs de sa Cour. Les droits du clergé y furent soutenus et défendus avec beaucoup de force et de vigueur par plusieurs prélats recommandables par leurs vertus et leur savoir, et notamment par *Guillaume de Brocia*, (qui avait succédé depuis peu à Pierre Roger dans l'archevêché de Sens), et par *Pierre Bertrand*, évêque d'Autun. Le roi, touché des raisons du clergé, déclara publiquement qu'il ne voulait, en aucune façon, donner atteinte à ses droits, et qu'il aimait mieux les augmenter que de les diminuer. Les séances finirent le 29 décembre, jour auquel l'Église honore particulièrement saint Thomas de Cantorbéry, mort pour la défense des libertés et des immunités de l'Eglise.

C'est en reconnaissance de ce jugement qu'on donna à Philippe de Valois le surnom de *Catholique*, et que Guillaume de Brocia fit placer en relief la statue équestre de ce prince, au-dessus de la porte collatérale de l'église de Sens, à main droite de l'entrée principale. Le vandalisme révolutionnaire a détruit en partie ce monument dont on distingue encore aujourd'hui quelques vestiges. On y lisait autrefois ce distique que l'on s'était contenté d'écrire au-dessus ; le temps l'a effacé entièrement :

Regnantis veri cupiens ego cultor haberi,
Juro rem Cleri libertatemque tueri.

Un ouvrier chargé, en 1517, de repeindre cette statue, mit au cou du roi Philippe de Valois, le cordon de Saint-Michel. Cet anachronisme choqua d'autant plus, que cet ordre ne fut institué que sous Louis XI, conséquemment plus d'un siècle après Philippe de Valois.

Paris, Laon et plusieurs autres villes imitèrent l'exemple donné par Guillaume de Brocia, et donnèrent à Philippe de Valois les mêmes témoignages de reconnaissance, en faisant placer sa statue au-dessus des portes de leurs cathédrales. *Dubreuil*, dans ses *Antiquités de Paris*, dit que l'on a aussi donné le nom de *Pierre du Cuignet* à une petite et laide figure qui est à Notre-Dame, à un coin du jubé, du côté du midi, au-dessus de la figure d'enfer. Il ajoute : *Et n'est aucun avoir vu cette église, s'il n'a vu cette grimace.*

Le pauvre Pierre de Cugnières, ainsi déchu de ses prétentions, de la manière la plus humiliante, se vit partout vilipendé, et de plus chansonné.

Nous rapporterons ici les deux premiers couplets de la longue chanson qui courut alors, pour donner à nos lecteurs une idée de la gaîté et de la simplicité de nos bons aïeux.

Venez, venez, venez, venez
Veoir maistre Pierre du Cognet.
Sans causes il n'a pas renom,
C'est une gratieuse imaige ;
    Amoureux, doux et mignon,
    Et un souverain visaige.
Il a un peu faute de nez,
Mais, seurement, je vous promets
Que ne connûtes onc si doucet.
Le plus godin (*joli*) de tous les laïcs,
C'est maistre Pierre du Cognet.
Venez, venez, etc.

Par son maintien doux et courtois,
    Amoureux et non rebelle,
On lui a offert maintefois
Devant son saint nez des chandelles.
Bourgeois, marchands, tant beaux que laids,
Gâteurs de pavez ou palais,
Rinceurs de tasses et gobelets,
A Notre-Dame devez aller
Veoir maistre Pierre du Cognet.
Venez, venez, venez, venez
Veoir maistre Pierre du Cognet.

On remarque comme une singularité, du côté des orgues, deux colonnes qui, vis-à-vis, sont remplacées par un pilier. Ces deux colonnes sont à gauche, en entrant dans la nef, et le pilier à droite. On ne peut guère expliquer cette bizarrerie dans la construction d'un édifice bâti avec autant de solidité que de régularité. Cependant si l'on considère les détails des ornements parallèles, on y trouve des différences très-sensibles, faites pour étonner particulièrement les artistes.

Nous désirerions aussi pouvoir donner une explication satisfaisante du motif qui a engagé les architectes de ce temple, à placer un grand cierge ou flambeau parmi les colonnes qui composent le premier pilier à main droite, en entrant dans la nef. Quelques personnes prétendent que ce flambeau est un emblème que l'on remarque également dans plusieurs autres églises. C'est une longue colonnette tronquée, surmontée de flammes ; elle traverse les chapiteaux des piliers, et s'élève jusqu'aux voûtes.

Il y avait autrefois des chapelles à chaque pilier de l'église ; on les ôta en 1680. Les figures des Apôtres qui y étaient adossées et qui ont disparu en 1794, avaient été posées en 1534, aux frais de M. *Nicolas Fritard*, chanoine de Sens. M. *d'Hesselin*, doyen de Sens, mort en 1772, pour les garantir de la poussière qui tombait des voûtes, fit faire, au-dessus de ces figures, des couronnements qui n'ont pas été détruits, et que l'on remarque encore aujourd'hui.

Le grand autel, et le magnifique baldaquin soutenu sur quatre colonnes de marbre, furent élevés en 1742, sur les dessins de *Servandoni*, aux frais de M. *Languet*, archevêque.

Le sanctuaire et le chœur furent pavés en 1743. La nef et tout le reste de l'église le furent en 1769; cette dernière dépense monta à 30,000 fr.

L'église a été blanchie entièrement en 1767, par des ouvriers italiens ; cette dépense coûta 5,000 fr.

La principale porte du chœur a été posée en 1762; les deux jubés, et les deux autels de Saint-Martin et de Saint-Louis, qui sont au-dessous, ont été finis la même année.

Les stalles ont été posées en 1730. Précédemment, il y en avait d'autres qui avaient été faites sous *Louis de Melun*, ou sous *Tristand de Sallazar*, son résignataire; celles d'a vant avaient été faites aux frais d'*Hugues de Toucy*.

Anciennement, les orgues étaient placées dans celle des arcades de la nef qui est vis-à-vis du sépulcre. On y montait par le même escalier qui conduit à la petite chapelle de Saint-Denis, au-dessus de ce même sépulcre. En 1722, elles furent transférées dans le jubé de l'Evangile, où elles restèrent jusqu'en 1734. A cette époque, on posa au-dessus des grandes portes de l'église, le buffet et tous les accessoires que l'on y voit aujourd'hui; ils furent construits du produit d'une réserve obtenue du Roi par le Chapitre, en 1725. Un chanoine de Notre-Dame, nommé *Servignien*, en 1720, était organiste de la cathédrale. Les premières orgues qui parurent à Sens, furent placées dans l'église de Saint-Hilaire, en 1550. Ce ne fut guère qu'un demi-siècle après qu'on en vit à Saint-Étienne.

La musique était autrefois rigoureusement proscrite de cette église. Le Chapitre de Sens, fidèle à cet antique axiome : *Ecclesia Senonensis nescit novitates*, s'opposa constamment à l'introduction de tout autre instrument que les orgues, dans la cathédrale. *Dom Martenne*, en parlant de cette église, dit que de son temps on y chantait un beau plain-chant, bien plus agréable que la musique; il ajoute qu'il assista à une grande messe des morts qu'on chanta d'un ton extraordinairement bas ; je ne sais, dit-il, si cela n'était point affecté pour marquer la tristesse et le deuil.

Au-dessous des orgues, on voyait autrefois un grand labyrinthe incrusté en plomb dans le carreau de la nef dont il occupait toute la largeur. Cet ouvrage, très-ingénieusement combiné, avait 30 pieds de diamètre ; il fallait une heure entière pour en parcourir tous les circuits, et l'on faisait 2,000 pas en les suivant exactement, sans repasser par le même endroit. Il fut enlevé en 1768, lorsque MM. du Chapitre firent paver régulièrement leur église. Nous présumons que ce labyrinthe fut fait avec le plomb que l'on retira de la tour de pierre, qui, avant 1518, était couverte de ce métal comme l'autre tour.

On n'a pu préserver des ravages de la révolution une chaire célèbre que l'on voyait autrefois dans la nef de cette église. Cette chaire était celle où *saint Bernard* avait fait censurer *Abailard*, dans le concile convoqué, en 1140, par Henri *Sanglier*, archevêque de Sens. *Abailard*, qui avait demandé ce concile pour justifier sa doctrine, y fut confondu par le saint Docteur, dès la première interpellation. Cette assemblée était nombreuse : le roi Louis-le-jeune, lui-même, y assista accompagné de *Thibaud*, comte de Champagne, et du comte de Nevers ; et, outre tous les prélats de la province de Sens ; *Samson*, archevêque de Reims, y vint aussi avec trois de ses suffragants.

Abailard avait déjà été condamné, pour ses erreurs en matière de foi, dans un concile tenu à Soissons, et il ne s'était pas corrigé. « Lorsqu'il parle de la Sainte-Trinité,
» disait saint Bernard, il le fait dans le goût d'Arius ; c'est
» Pélage sur la grâce ; c'est Nestorius sur la personne de

» Jésus-Christ. » Le saint abbé de Clairvaux le vit en particulier, et lui parla avec tant de force qu'il tira de lui-même une promesse de corriger ce que l'on reprenait dans ses écrits; mais Abailard ne tint pas parole; il provoqua même l'accusation de saint Bernard, et sachant que l'archevêque de Sens devait tenir un concile de sa province, il engagea ce prélat à y inviter l'abbé de Clairvaux, afin que le différend fut jugé contradictoirement entre les deux parties. Saint Bernard eut d'abord de la répugnance à accepter le défi; il se croyait trop faible pour se commettre avec un antagoniste aussi aguerri qu'Abailard; car ce dernier n'était pas moins fameux alors par ses talents, son érudition et ses vastes connaissances, que par sa passion malheureuse pour la sensible Héloïse que sa tendresse, son esprit et ses charmes ont également immortalisée. Saint Bernard craignit donc d'exposer à un affront la cause de la vérité; c'est ce qu'il écrivit au Pape, en lui disant qu'il n'était qu'un enfant dans le genre de combat où Henri Sanglier voulait l'engager. Cependant, vaincu par les instances de ses amis, il se rendit à Sens au temps marqué.

Saint Bernard et Abailard parurent ensemble devant le concile. Le premier produisit les ouvrages composés par l'autre, ou que le public lui attribuait, et des extraits de ces livres, et il le somma ou de nier que ces écrits et ces propositions fussent de lui, ou, s'il s'en reconnaissait l'auteur, d'en entreprendre la défense ou bien de les corriger. Abailard n'accepta aucun de ces trois partis, et sans vouloir s'expliquer, il en appela au pape. On a dit qu'il craignait une émeute populaire, dans laquelle il eût été exposé à être mis en pièces. Mais c'est une allégation sans preuve, et elle ne le justifie pas d'avoir décliné un tribunal qui était de son choix. Malgré les instances des prélats, il persista dans son appel, et refusa opiniâtrément de répondre. Le concile respectant l'autorité du souverain pontife, et ne voulant pas cependant que l'erreur parût triompher de la vérité, condamna les propositions qui lui avaient été déférées, et ne prononça rien contre la personne de l'accusé. Les archevêques de Sens et de Reims, ainsi que saint Bernard, en rendant compte au pape de ce qui s'était passé dans le concile, le prièrent de condamner les livres d'Abailard au feu, et d'imposer un éternel silence à ce docteur téméraire. Innocent II prononça le jugement demandé par eux, et leur donna commission d'arrêter Abailard, et de l'enfermer dans un monastère. Pierre le vénérable, abbé de Clugny, épargna ce genre de punition à ce malheureux, que la légèreté et l'amour d'une vaine gloire avaient égaré. Il le recueillit dans son monastère, lui fit abjurer ses erreurs, et le reconcilia avec saint Bernard.

Abailard mourut en 1142, muni des sacrements de l'église qu'il reçut avec de grands sentiments de piété. Quelques auteurs, entre autres dom *Mathoud*, ont prétendu que ce philosophe avait été chanoine de Sens, et d'autres qu'il était chanoine de Chartres, et l'on voit même, dans une des vitres de la cathédrale de cette dernière ville, un Pierre Baillart, représenté en chanoine, que l'on assure être le fameux Pierre *Abailard*.

Il s'est tenu à Sens un grand nombre d'autres conciles moins célèbres que celui de 1140. Nous en donnons ici la suite chronologique, sans entrer dans des détails qui nous feraient sortir des bornes que nous nous sommes prescrites.

Plusieurs de ces assemblées ne portent même que le nom de *synodes*, surtout celles qui ont été tenues dans les derniers siècles.

LISTE CHRONOLOGIQUE DES CONCILES DE SENS.

En 601 ou environ. — A ce concile, on traita de la réformation des mœurs, de la simonie et de l'ordination des néophytes. Le P. *Mansi* conjecture que ce fut à cette assemblée que *saint Colomban* fut appelé, et refusa de se rendre, parce qu'on devait y agiter la question qui divisait alors les Français et les Bretons, touchant le jour de Pâques.

657 ou 665, ou suivant d'autres 670. — Ce concile fut tenu par *saint Emmon*, sous le règne de Clotaire III; il y fut question d'affranchir de la juridiction des évêques, les religieux de Saint-Pierre-le-vif et de Sainte-Colombe-lez-Sens. Trente prélats y assistèrent.

846 ou 850. — *Vénilon* y ordonna chorévêque *Audradus Modicus*. Ce concile est daté dans Albéric : *Anno tertio induciarum*; ce mot *induciarum* marque la paix de 843, entre les fils de Louis-le-débonnaire.

852 ou 853. — On y traita de la confirmation de l'abbaye de Saint-Remy-lez-Sens, dans ses priviléges.

853. — Vénilon présida encore ce concile qui fut convoqué par rapport à *Burchard*, évêque de Chartres, à la consécration duquel la plupart des évêques de France s'opposaient. Charles-le-chauve écrivit en sa faveur, et Burchard fut sacré à Sens, après le concile.

862 ou 863. — Dans ce concile que présida le même Vénilon, on déposa *Herman* ou *Hériman*, évêque de Nevers.

920 ou 923. — Ce concile fut tenu par *Vauthier*, pour réformer la discipline ecclésiastique, surtout à l'égard des religieux et des religieuses : *Propter scandala gravia quæ ex monialium conversatione veniunt*, dit le second canon de ce concile.

980. — Concile tenu par *Sévin*, au sujet d'une donation faite à l'abbé et aux moines de Saint-Pierre-le-vif, et à l'église de Saint-Savinien.

986. — Concile relatif à la discipline ecclésiastique.

1048. Concile au sujet de l'établissement du monastère de Saint-Ayoul de Provins, que Thibaud III, comte de Champagne, voulait fonder. Henri I.er, roi de France, assista à cette assemblée qui fut présidée par *Gelduin*, archevêque de Sens.

1071. — Concile tenu en faveur du monastère de *Celle* ou *Moutier-la-Celle*, près de Troyes.

1075. — Autre concile en faveur du même monastère.

1080. — Autre, présidé par *Richer*, au sujet des priviléges de Saint-Pierre-le-vif.

1083. — Autre, tenu par le même, suivant une charte de *Saint Remy*, et dont on ignore le sujet.

1127. Autre, présidé par Henri *Sanglier*, suivant une charte de l'abbaye de Saint-Jean, et dont on ignore également le sujet.

1140. — C'est le concile où fut condamné Abailard, et dont nous avons parlé précédemment.

1144. — Concile tenu pour l'ordination de *Hugues de Toucy*, archevêque de Sens.

1198 ou 1199. — Dans ce concile convoqué par *Michel de Corbeil*, contre l'hérésie dite *Populicana*, on déposa l'abbé de Saint-Martin de Nevers. Les *Poplicains*, espèce de Manichéens, découverts en Nivernais, niaient la présence réelle de Jésus-Christ dans l'eucharistie. *Pierre de Capoue*, cardinal et légat du Saint-Siége, envoyé par le pape Innocent III, présida l'assemblée. On y traita aussi des moyens d'obliger le roi Philippe-Auguste à reprendre sa femme *Ingerburge* et à quitter *Agnès de Méranie*.

1209. — Concile de Sens, où l'on ordonna de brûler tous les livres d'Aristote, avec défense de les lire, de les copier ou de les garder. *Rollin* parle de ce concile de Sens, qu'il dit avoir été tenu à Paris.

1216. — Concile tenu cette année, et contenant 7 canons. On en ignore le sujet.

1239. — Autre, en 14 canons, relatif à la discipline ecclésiastique, et au clergé régulier et séculier.

1252. — Concile d'où l'on envoya une monition canonique à Thibaud VI, roi de Navarre et comte de Champagne, pour l'engager à restituer les biens de l'église acquis depuis 40 ans dans ses États. *Gilon Cornut* présida l'assemblée à laquelle assistèrent 6 des suffragants.

1256, 31 juillet. — Ce concile, tenu par Henri *Cornut*, fut relatif à l'homicide d'un ecclésiastique, et à un différend entre l'Université et les frères Prêcheurs.

1256, 24 octobre. — Autre concile tenu par le même, où l'on ordonna au Chapitre de Chartres de se retirer à Étampes, jusqu'à ce qu'on lui eût assuré sa tranquillité à Chartres.

1269. — Concile en 6 canons, contre l'incontinence des clercs, et pour la réforme de la discipline ecclésiastique. *Pierre de Charny* le présida.

1274. — Concile tenu par *Pierre d'Anisy*, dont on ne sait pas le sujet.

1280. — Concile tenu par *Gilon Cornut* II, relatif à quelques violences faites dans une église du diocèse de Chartres.

1299. — Concile relatif à la discipline ecclésiastique.

1310. — Concile de Sens, convoqué à Paris, par *Philippe de Marigny*, frère d'Enguerrand de Marigny, contre les Templiers.

1320. — Autre concile, en 4 articles, relatif à la discipline ecclésiastique. On y interdit les lieux où les clercs auraient été emprisonnés par des juges laïques. Il y est fait mention, pour la première fois, de l'exposition et de la procession du Saint-Sacrement. *Guillaume de Melun* présida l'assemblée.

1323. — Concile de Sens, cité dans *Labbe* et dans *Hardouin*.

1329 ou 1330. — Autre, tenu par *Guillaume de Brosse*, concernant la discipline ecclésiastique.

1346. — Autre concile de Sens, cité dans *Hardouin*; et dans *Luc d'Achéry*, tom. v, p. 128.

1429. — Concile tenu par *J. de Nanton*, chez les Barnabites de Paris, pour la réforme de la discipline ecclésiastique.

1460 ou 1461. — Autre, tenu à Sens, par *Louis de Melun*, au sujet de la juridiction et de la discipline ecclésiastique.

1485. — Dans ce concile, présidé par *Tristand de Sallazar*, on confirma les canons du concile de 1460, sauf quelques modifications.

1524. — Synode d'*Étienne de Poncher*, dont les statuts sont imprimés en un vol. in-4.° Paris, *Chevalon*, 1524.

1528. — Concile de Sens, tenu à Paris au mois de février, par le cardinal *Duprat*, pour y condamner *Luther* et ses adhérents.

1554. — Synode tenu par le cardinal *de Bourbon*, dont les statuts sont imprimés in-8.°, Sens, *Delamarre*, 1554.

1612. — Concile de Sens, convoqué à Paris par le cardinal *Duperron*; on y condamna le *Traité de la puissance ecclésiastique et politique, du célèbre Edmond Richer*, docteur de Sorbonne.

1644. — Synode d'*Octave de Bellegarde*, dont les statuts furent publiés, en latin, en 1645.

1650, le 17 mai. — Synodes des évêques et des députés ecclésiastiques de la province de Sens, convoqués à Paris, par *Henri de Gondrin*, où l'on condamna un libelle dirigé contre ce prélat, par les Jésuites, et intitulé : *Théotyme, ou dialogue instructif sur l'affaire présente des Jésuites de Sens.*

Cette condamnation fut approuvée depuis par tout le clergé de France. (Voy. *Mém. du clergé.*)

1658. — Autre synode, tenu par *Henri de Gondrin*, et dont les statuts ont été imprimés en 1659, in-8.°, et en 1665, in-12.

1660. — Synode tenu à Sens, le 2 mai, où l'on condamna un livre intitulé : *Apologie des casuistes.*

1678. — Autre synode tenu à Sens, par *J. de Montpézat*, dans lequel ont été confirmés les règlements des synodes précédents.

1692. — Autre synode, par *Fortin de la Hoguette*, dans lequel ont été examinés les anciens statuts-synodaux du diocèse, qui ont été augmentés par ce prélat, et publiés en 1693, in-8.°

1699, le 1.er juin. — Synode à Sens, où fut censuré le livre intitulé : *Maximes des Saints*, composé par *Fénélon*, archevêque de Cambray.

1761, le 29 mars. — Assemblée des évêques de la province de Sens, présidée par *Paul d'Albert de Luynes*, pour le sacre de M.r *de Barral*, évêque de Troyes.

DESCRIPTION DES MAUSOLÉES.

Le vandalisme révolutionnaire a fait disparaître de cette église plusieurs mausolées qui autrefois y attiraient l'attention des curieux et des connaisseurs. Il ne reste maintenant aucun vestige de celui des *Sallazar* qui ornait la nef, ni de celui des deux *Duperron* qu'on voyait placé au-dessus de la porte latérale du chœur (côté de l'épître). Le tombeau du cardinal *Duprat*, placé à gauche du maître-autel, est détruit en grande partie; seulement on a soustrait à la faux de l'anarchie, les précieux bas-reliefs qui le décoraient : ces morceaux, estimés particulièrement des artistes, sont aujourd'hui déposés dans une chapelle à gauche de la nef, où les amateurs et les étrangers vont encore les admirer.

MAUSOLÉE DE DUPRAT.

Description de ce monument, inséré dans le Magasin encyclopédique, *en* 1795.

La fureur révolutionnaire ne se borna pas, en 1794, à détruire le portail de la cathédrale de Sens, ni à en précipiter les statues colossales qui décoraient l'extérieur; si elle eût terminé là sa rage, les arts n'auraient pas tant à gémir, ni tant d'objets à regretter; mais l'intérieur, rempli de monuments et de chefs-d'œuvre, fut leur théâtre principal : les tombeaux des Sallazar, des Duperron, des Duprat, tous en marbre ou en albâtre, furent livrés aux marteaux destructeurs, et il n'y a eu d'épargné que ce qu'ils ne purent atteindre.

Parmi ces monuments, le tombeau d'Antoine Duprat, chancelier de France et cardinal, était celui qui fixait le plus l'attention; placé dans le sanctuaire, à côté de l'autel, il y était un objet de curiosité pour les voyageurs. Un corps mort, couché et étendu sur la pierre, présentait un vrai modèle et une parfaite imitation du sort humiliant que la nature destine à chaque individu; il paraissait rongé de vers et n'offrait qu'un spectre décharné et un tableau dégoûtant, mais vrai dans toutes ses parties. Ce corps, dis-je, et les ornements qui accompagnaient le haut du mausolée, ont été brisés et l'on n'a pu parvenir à en rapprocher les fragments.

Les quatre faces étaient ornées de bas-reliefs de la plus grande beauté, et ils sont la seule chose que, avec du courage et de sages précautions, on ait pu sauver; pendant plus de deux ans, ils ont été tenus cachés derrière des livres qui leur ont servi de remparts et de rideaux. En totalité, la longueur de ces bas-reliefs est de quinze pieds et un pouce; ils sont distribués en six pièces de seize pouces de hauteur, qui toutes se rapportent aux quatre événements les plus marquants de la vie de ce prélat. Pour leur intelligence, j'analyserai la vie de Dupart, duquel peu d'écri vains ont dit du bien, et on ne peut disconvenir qu'il ne fût un modèle du plus parfait égoïsme, et un homme très-ambitieux.

Antoine Duprat, naquit à Issoire en Auvergne, vers l'an 1463, et il y reçut une très-bonne éducation. Après de bonnes études, la duchesse d'Angoulême, mère de François I.er, l'employa à Cognac dans la régie de ses biens, ensuite il fréquenta le barreau à Toulouse. Après son mariage avec Françoise *Veny*, fille d'un riche négociant et bourgeois de Riom, il fut pourvu de la charge de lieutenant général au bailliage de Mont-Ferrand en 1490, et devint ensuite avocat-général du parlement de Toulouse en 1495.

Il fut appelé, en 1503, à Paris, par le roi Louis XII, et pourvu d'une charge de maître des requêtes; créé président en 1506, et enfin premier président en 1507. Cette même année sa femme mourut à l'âge de trente ans, et fut enterrée aux Minimes de Chaillot, où l'on voyait son tombeau et son épitaphe (1). Il en eut deux fils et deux filles : l'aîné des fils continua la famille et la postérité, et *Guillaume*, le plus jeune, fut fait évêque de Clermont.

Après la mort de sa femme, quoique premier président, il entra dans les ordres, et fut successivement évêque de Meaux, ensuite d'Alby, et en 1515, le roi François I.er le fit chancelier de France, et ayant accompagné le roi dans la conquête du Milanais, il fut fait chancelier de Milan. Ce fut là, de concert avec François I.er et le pape Léon X, que

(1) Duprat portait d'or, à une fasce de sable accompagnée de trois trèfles de sinople, dont deux en haut et un par bas. (Voyez *Antiquités nationales*, par A.-L. Millin, tome II, article 12, page 18.)

l'on cassa la Pragmatique, et que l'on établit le Concordat contre l'injustice duquel toute la France réclama; mais Duprat convoitait le chapeau de Cardinal.

On ne peut cependant disconvenir que Duprat ne fut un habile politique. On trouve dans *Camusat* (*Mélanges historiques*, imprimés à Troyes en 1619), une lettre de lui au pape Clément VII, datée de 1531, où il traçait à ce Pontife une conduite prudente, telle qu'il la devait tenir à l'égard du divorce de Henri VIII; mais notre prélat aveuglé par ses propres intérêts, leur sacrifia ensuite ceux de l'État.

Pendant la prison de François I.er, en Espagne, Duprat se fit nommer par la reine mère à l'archevêché de Sens, vacant par la mort d'Étienne *Poncher;* mais le chapitre nomma en même temps Jean de *Sallazar*, et Duprat, ayant envoyé un fondé de procuration pour prendre possession en son nom, ce dernier fut cruellement maltraité par les habitants de Sens, et ne put s'acquitter de sa commission; en sorte, disait M.r de Gondrin, dans un de ses *Factum* contre le Chapitre de Sens, page 243, qu'il n'osa mettre le pied dans la ville, où il n'entra qu'après sa mort, sans avoir pu voir son église.

Le pape Clément VII lui donna le chapeau en 1527; et par une bulle du 4 juin 1530, il le nomma légat en France, et en cette qualité il fit son entrée solennelle à Paris, le 17 septembre 1530. Cette entrée, qui fait le sujet le plus beau d'un des bas-reliefs, est décrite fort au long par Godefroy, Cérémonial français, tome 2, page 822.

La mère du roi, sa protectrice, et de laquelle il avait été le ministre des vengeances, étant morte en 1531, il commença à perdre son crédit, et le perdit tout à fait par l'excès de son ambition, et voici le fait : le pape étant mort en 1534, Duprat porta ses vues jusqu'à prétendre lui succéder, et il en communiqua le projet à François I.er qui lui répondit n'avoir pas le moyen de le porter jusques-là ; mais Duprat, sans se déconcerter, répliqua qu'il pouvait lui-même subvenir à toutes les dépenses : cette réponse fit connaître au roi les richesses qu'il avait amassées. Duprat, trompé dans ses espérances, tomba malade de chagrin à Nantouillet, et le roi fit saisir ses meubles et ses trésors. Il voulut en porter ses plaintes; il n'eut d'autre réponse de François I.er que celle d'être traité comme il avait conseillé qu'on traitât les autres, et il mourut dans son château de Nantouillet, au mois de juillet 1535. Son corps fut ensuite conduit à Sens, où il fut enterré.

J'ai trouvé dans les archives de l'archevêché une espèce de concile provincial de Sens, assemblé à Saint-Germain-en-Laye, le 25 mai 1532, de l'autorité d'Antoine Duprat, cardinal, archevêque de Sens, et président du concile, dans lequel il accorde, sur les ecclésiastiques de son diocèse, une levée de 4 décimes, pendant 2 ans, en forme de don gratuit, pour obtenir la rançon et la délivrance du dauphin et du duc d'Orléans détenus en otage à Madrid. Ce concile, dans lequel il ne s'agissait que du temporel, n'a pas eu place dans la grande collection, et on peut le regarder comme faisant partie de celui que le même Duprat assembla sous le nom de Concile de Sens, en 1528, contre les erreurs de Luther, et qui fut imprimé chez Simon de *Colines*, en 1532, in-folio.

Toutes ces particularités ont été tirées des archives de l'archevêché et du Chapitre, et elles sont nécessaires pour l'explication des bas-reliefs de son tombeau. La première pièce le représente siégeant à la Chancellerie, avec tout l'ordre et les costumes qui s'observaient dans cette juridiction; la deuxième, son entrée à Paris en qualité de Légat; la troisième, l'assemblée du Concile où il présida; la quatrième enfin, l'entrée du corps de Duprat à Sens, après sa mort, avec le cortége nombreux qui l'accompagnait.

On remarque dans les bas-reliefs une grande correction de dessin, une perspective bien suivie, des têtes très-caractérisées, et enfin un ensemble digne d'un grand maître, et le tout exécuté sur de la pierre douce, ou plutôt de l'albâtre ou gypse tiré des carrières de Salins en Franche-Comté, comme celui qui a servi pour les tombeaux des ducs de Bourgogne, qui se voyaient aux Chartreux de Dijon.

Quant à l'artiste qui en fut l'auteur, il ne m'a pas été possible, malgré mes recherches, d'en découvrir autre chose, sinon que la sculpture en a été faite à Grenoble, et a été transportée à Sens : et que le tout en place a coûté dix mille écus. Je laisse aux amateurs les soins de découvrir quel fut l'artiste célèbre qui, vers 1540, se trouvait à Grenoble : il en était venu un pour y élever un tombeau au chevalier Bayard.

Si Godefroy a cru intéresser la postérité par la description de l'entrée que Duprat fit en qualité de Légat à Paris, laquelle est représentée dans le 2.e bas-relief, j'ai pensé qu'il ne serait pas moins intéressant de donner celle de l'entrée de son corps à Sens, et de la pompe funèbre qui s'y fit. Elle servira à faire connaître jusqu'où l'on portait le luxe et l'appareil dans ces cérémonies, au commencement du 16.e siècle. Après la mort du chancelier Duprat, le 9 juillet 1535, son corps fut embaumé et placé dans un cercueil de plomb. Le jeudi 5 d'août, il fut amené à Sens, et déposé au faubourg Saint-Maurice, dans la maison de Jean *Bijard*, et son portrait fut mis dans l'église de ce faubourg, où le jour suivant on fit un office solennel.

Le même jour, treize crieurs, vêtus de noir, portant ses armoiries sur leurs habits, parcoururent la ville en annonçant l'enterrement pour les deux heures après midi; et à deux heures précises, le chapitre de la cathédrale, accompagné du clergé séculier et régulier, et de plusieurs séculiers tous chaperonés, ayant tous à la main une torche garnie d'armoiries, alla recevoir le corps. Ils passèrent par la Grande-rue, toute tapissée en noir, et sur la porte de chaque maison était une torche ardente avec les armoiries du Cardinal.

Tel fut l'ordre de la marche du cortége :

1.° La marche fut ouverte par ceux qui portaient les torches pour la Ville. Ils étaient suivis de ceux de la confrérie de Saint-Nicolas, fondée dans la chapelle de Saint-Laurent à l'archevêché, et d'un grand nombre de domestiques du Cardinal, tous avec armoiries, vêtus en noir et chaperonés.

2.° On voyait ensuite les croix des treize curés de la ville, les crosses des cinq abbayes avec leurs religieux, ensuite les Cordeliers et les Jacobins, et les Augustins de la ville de Paris, marchant tous chacun avec une torche armoriée.

3.° Les treize crieurs jurés.

4.° Un homme à cheval, vêtu de noir, et portant un tapis de drap d'or bordé de soie.

5.° Suivaient cent hommes de pied de la légation, tous en deuil et en chaperon.

6.° Quatre chevaux, couverts de noir, portant le corps placé sur un chariot branlant. Ces chevaux étaient montés par quatre hommes vêtus en noir, et le Maire et les échevins de la ville, marchant à côté de la voiture, portaient un riche dais au-dessus du corps.

7.° Suivaient les officiants de l'église avec des torches.

8.° On voyait un homme sur un cheval, couverts l'un et l'autre de velours noir; cet homme portait la masse, et était précédé d'un cheval couvert de velours noir, croisé de satin blanc, avec un oreiller sur lequel était placé un petit coffre qui indiquait les sceaux de la chancellerie.

9.° Ensuite un homme, vêtu de velours noir, monté sur une mule, couverte de velours rouge traînant jusqu'à terre, portait devant lui le chapeau de cardinal.

10.° Deux pages à cheval tout habillés et couverts de velours noir, portant l'effigie du cardinal, qui était couverte d'un dais ou ciel de drap d'or que portaient d'autres pages à pied.

11.° Ses deux fils, l'évêque de Clermont et Antoine Duprat, seigneur de Nantouillet, assistés de deux présidents au parlement, ayant chacun un homme portant les queues de leurs robes qui pendaient de cinq à six aunes.

12.° Enfin, grand nombre de gentilshommes en deuil, le bailli de Sens, le lieutenant-général et le lieutenant-particulier, l'avocat et le procureur du roi, tous en habit de deuil et en chaperon, terminaient le cortége. Mais lorsque le corps fut arrivé devant l'église, les domestiques firent tapage, et mirent en pièces à coups d'épée le dais de drap d'or qui couvrait l'effigie.

L'église fut toute tapissée en noir : on déposa dans le chœur, sous une chapelle ardente, son cercueil de plomb cousu dans du velours noir et couvert d'un magnifique poêle en drap d'or. Le lendemain on fit les obsèques. A la dernière messe se firent les offrandes. Ses deux fils, précédés du clergé, et accompagnés des deux présidents du parlement et du bailli de Sens, s'y présentèrent; et on portait devant chacun d'eux un gros cierge en cire blanche, auquel on avait attaché plusieurs écus d'or.

Un docteur de Sorbonne prononça l'oraison funèbre dans le chœur, et après la cérémonie, on déposa le cercueil dans une des chapelles, où il resta jusqu'à ce qu'on eût fini le caveau qui lui était destiné, et où il fut déposé à côté du grand autel, sur lequel, quelques années après, on plaça son superbe mausolée; enfin la cérémonie se termina par un grand et magnifique repas donné à l'archevêché.

A l'honneur de Duprat, on peut rappeler ici qu'il avait augmenté l'Hôtel-Dieu de Paris d'une grande et belle salle, et d'un portique en pierres de taille, du côté du Petit-Pont, à la droite duquel on voyait sa statue à genoux, les mains jointes et en costume de cardinal. (*Cet article est de* M.r LAIRE, *décédé bibliothécaire, à Auxerre en* 1801.)

MAUSOLÉE DU DAUPHIN ET DE LA DAUPHINE.

Ce mausolée, dont la cathédrale de Sens est embellie, est celui de Louis (1), dauphin de France (fils de Louis XV et père de Louis XVI), et de Marie-Josèphe de Saxe, son épouse. Nous entrerons dans quelques détails au sujet de l'origine et de la construction de ce monument, et après en avoir donné une description circonstanciée, nous la ferons suivre de quelques critiques judicieuses et même sévères qui en ont été faites.

Pour conserver ce magnifique mausolée, on fut obligé, dans le commencement de 1793, de le faire transporter hors de l'église, et de le déposer dans une maison du Cloître, sous une simple remise. Il y resta jusqu'au rétablissement du culte, époque à laquelle il a été replacé, non au milieu du chœur, où il était antérieurement, mais dans la chapelle de Sainte-Colombe, derrière le sanctuaire.

On se demanda, lors de la mort du Dauphin, et l'on se demande encore aujourd'hui, pourquoi ce prince avait choisi Sens pour le lieu de sa sépulture, et ce choix est d'autant plus étonnant que cette ville ne possédait les restes d'aucun roi de France, si ce n'est de Raoul (2), à qui quelques histo-

---

(1) P. Gallet, dans son *Voyage sentimental de Paris à Berne*, Paris, 1801, 2 vol. in-12, dit à tort, qu'il a vu à Sens le mausolée du grand Dauphin. On sait que les historiens ne donnent cette qualification qu'au Dauphin fils de Louis XIV, père du Dauphin connu sous le nom du duc de Bourgogne, et grand-père de Louis XV.

(2) Raoul mourut sans lignée à Auxerre, le 15 janvier 936; il reçut les honneurs de la sépulture et fut enterré à l'abbaye de Ste-Colombe-lez-Sens. (Cette abbaye était le lieu ordinaire de la sépulture des comtes de Sens.) Il laissa à cette abbaye son sceptre, sa couronne et plusieurs richesses. Son tombeau, peu élevé, fut détruit par les Calvinistes en 1567.

riens n'accordent que le titre d'usurpateur. Les uns ont présumé que le cardinal de Luynes, qui resta auprès du Dauphin, pendant toute sa maladie, l'avait engagé à demander qu'il fût enterré à Sens : suivant d'autres, ce propos était sans fondement ; mais le Dauphin ayant toujours manifesté le désir d'être inhumé dans le diocèse où il aurait cessé de vivre, eut sa sépulture à Sens, parce qu'il mourut à Fontainebleau. Il en avait, ajoute-t-on, désigné lui-même l'endroit au milieu du chœur de l'église métropolitaine.

Ce prince étant mort le 20 décembre 1765, âgé de 36 ans, le Roi manda Mgr. le cardinal de Luynes pour lui apprendre que son fils avait souhaité qu'on l'inhumât dans son église. Ce ne fut que le 28 que ses tristes obsèques se célébrèrent avec toute la pompe convenable. Un grand nombre d'ouvriers sous les ordres de M.r de Moranzel, contrôleur des bâtiments du Roi, dès le 21, s'étaient livrés à la construction d'un caveau voûté en pierres de taille, au milieu du chœur spacieux de la cathédrale (1). D'autres

---

(1) En faisant la fouille pour la construction de ce caveau, on trouva les corps de deux archevêques de Sens ; l'un nommé *Gaultier Cornut* avait été en 1234 nommé ambassadeur, avec le seigneur *Jean de Neesle*, pour aller faire la demande en mariage de *Marguerite*, fille aînée du comte de *Provence*, pour *Saint-Louis*. Les ambassadeurs amenèrent cette princesse à Sens, où le même Gaultier fit la cérémonie du mariage, avec la magnificence qui convenait au siècle et à la circonstance. Quelques jours après, la jeune reine fut couronnée également à Sens, dans la cathédrale. Cet archevêque mourut en 1241 ; il était enterré à droite du côté de l'Epitre. L'autre qui se nommait *Gilles* ou *Gillon Cornut II*, arrière-neveu du précédent, mourut en 1292, et

fabriquèrent une infinité de bancs destinés à placer les personnes que le devoir et la piété amèneraient à cette cérémonie, et élevèrent l'estrade sur laquelle devait être exposé le corps du Prince.

L'église fut revêtue de tentures jusqu'à la naissance des voûtes, et le chœur fut fermé par un grand drap mortuaire, au milieu duquel était placé l'écu de Monseigneur le Dauphin. Une litre de velours, garnie d'armoiries, ceignait le chœur en entier. Les stalles, les pupitres, les bancs et les pavés étaient couverts de draps noirs; sur la corniche des stalles, régnait un long cordon de fleurs de lis entremêlées de cierges.

Le samedi 28, tout se trouvant prêt pour la célébration de ces tristes obsèques, Mr de la Roche-Aymon, archevêque de Reims et grand aumônier de France, fit à onze heures du matin, à Fontainebleau, la cérémonie de lever le corps,

---

fut enterré à gauche, côté de l'Évangile. Ces deux archevêques furent retirés et transférés aussitôt dans le caveau destiné depuis à la sépulture de leurs successeurs, au bas des degrés du sanctuaire. Le corps de Gaultier s'était conservé 524 ans, entier et sans dérangement, dans l'attitude qu'on lui avait donnée lors de sa sépulture. Ses dalmatiques et sa chasuble de soie, de couleur tannée, conservaient encore cette couleur, et leur premier arrangement; le *pallium* s'y retrouvait aussi. Ce prélat couché dans une bière de pierre, portait au doigt un anneau d'or travaillé, où était enchâssé un rubis cabochon; il avait sur la poitrine un calice avec sa patène et à côté de lui une crosse dont le haut était de cuivre doré, émaillé, et le bâton de bois vermoulu. Ces quatre pièces, qui s'étaient conservées sans altération, furent déposées alors dans le trésor de Saint-Étienne. Aux premières impressions de l'air, on vit le corps s'affaisser, et au toucher se réduire en poussière, à l'exception de quelques gros ossements.

qui fut placé dans un char funèbre (1), et le convoi se mit en marche dans l'ordre suivant : 2 gardes-du-corps ouvraient; suivaient 60 pauvres vêtus de drap gris (2), portant des flambeaux; venaient ensuite un détachement de 50 mousquetaires de la seconde compagnie, 50 de la première, et 50 chevau-légers, rangés sur deux files. Un carrosse de Monseigneur le duc d'Orléans, dans lequel étaient 4 gentilshommes de ce Prince, précédait 4 carrosses du Roi. Les deux premiers étaient occupés par les menins (3); le troisième l'était par Monseigneur le duc d'Orléans, premier prince du sang, nommé par le Roi pour présider à ces lugubres funérailles; ce Prince était accompagné du duc de Fronsac, du duc de Tresmes, du marquis de Chauvelin, du comte de Pons, et du vicomte de Noé. Dans le quatrième carrosse étaient le grand aumônier de France, un aumônier du Roi (Mr l'abbé de Talleyrand), le confesseur du Dauphin (l'abbé Caulet) et le curé de Fontainebleau (Mr Meynier, missionnaire). Ces carrosses étaient drapés et attelés de 8 chevaux caparaçonnés de noir, char-

---

(1) Ce char n'était pas aussi élevé que ceux qu'on avait coutume de construire pour de pareilles pompes, à cause des portes très-basses de la ville de Moret où le convoi devait passer.

(2) Tous ces pauvres reçurent chacun 12 livres outre leur habillement. Le Roi ayant remis à madame la Dauphine 50 louis qui s'étaient trouvés dans la cassette du Dauphin, après sa mort ; cette vertueuse princesse les donna à Mgr. le cardinal de Luynes, pour en faire la distribution aux pauvres les plus nécessiteux de la ville de Sens.

(3) MM.rs du Muy, de Périgord, de Choiseul (le comte), de Civrac, de Rochechouard, du Chastelet-Lomont, de Boufflers, de Fosseuse, de Tavannes, de Talleyrand, du Roure et de Choiseul (le vicomte.)

gés de bandes de moire d'argent. Venaient ensuite les pages de madame la Dauphine, ceux de la Reine, 24 pages du Roi et plusieurs écuyers de leurs majestés. Quatre trompettes des écuries et les hérauts d'armes précédaient Mr de Nantouillet, maître des cérémonies, et Mr le marquis de Dreux, grand-maître des cérémonies de France. Quatre chevau-légers marchaient immédiatement devant le char funèbre où était placé le cercueil de monseigneur le Dauphin, environné de 4 chapelains du Roi, qui portaient les coins du poêle. Ce char était cintré et couvert d'une draperie noire tombante jusqu'à terre; une grande croix de moire d'argent la traversait. Aux angles étaient les armoiries de ce prince. Il était entouré d'un grand nombre de valets de pied de sa Majesté. Les commandants des gendarmes, des chevau-légers et des mousquetaires étaient près des roues; aux deux côtés marchaient les Cent-Suisses de la garde du Roi. Mr de Saint-Sauveur, lieutenant des gardes-du corps, suivait le char, à la tête de son détachement. Après lui venait un autre détachement de 50 gendarmes; le carrosse de monseigneur le duc d'Orléans attelé de 8 chevaux, et drapé comme les précédents, suivait ce cortége. Personne n'était dans cette voiture, et les pages de ce Prince, vêtus de deuil, étaient à cheval des deux côtés. Le carrosse de Mr le grand aumônier venait ensuite, suivi de celui de Mr le duc de Tresmes et de quelques autres qui terminaient cette pompe funèbre. Toutes les troupes de sa Majesté, ainsi que les pages et les valets de pied, portaient des flambeaux.

A sept heures du soir, ce magnifique convoi arriva et fit son entrée dans la ville de Sens, par la porte d'Yonne (1). Les habitants, et une foule immense d'étrangers que ce lugubre appareil avait attirés, bordaient les rues, et remplissaient les maisons qui étaient sur le passage. Le char funèbre étant parvenu sur la place de Saint-Étienne, tous les différents détachements s'y rangèrent en ordre de bataille.

Mgr. de Luynes, archevêque de Sens, revêtu de ses habits pontificaux, accompagné des évêques de Callinique, d'Auxerre et de Coutances, et du clergé de son église, tous en chape et un cierge à la main, reçut le corps de monseigneur le Dauphin, qui fut d'abord porté par les gardes-du-corps, sur une table préparée à l'entrée de la nef. Le grand aumônier de France, en le présentant au Chapitre, fit un discours auquel l'archevêque de Sens répondit. On récita les prières ordinaires, et le prélat donna au corps l'eau bénite et l'encens. Ensuite il fut porté dans le chœur; 4 dignitaires du Chapitre soutenaient les quatre coins du poêle, et il fut placé sur l'estrade élevée pour le recevoir. Là, tandis qu'on réitérait l'aspersion de l'eau bénite et l'encensement, on étendit sur le poêle qui couvrait le cercueil, le manteau à la royale. A la tête, fut posée, sur un coussin de velours noir, une couronne d'or entourée d'un crêpe; et aux pieds, les colliers des différents ordres du Roi, et celui de la Toison-d'or; un dais aux armes du Dauphin terminait le catafalque, et les gradins étaient garnis d'une multitude de cierges. Le corps resta ainsi

---

(1) Cette porte était la principale de la Ville. Lors de l'entrée du convoi funèbre du Dauphin, elle fut couverte de tentures noires.

exposé toute la nuit, pendant laquelle des chanoines et des chantres récitèrent continuellement des psaumes. Plusieurs gardes-du-corps et Cent-Suisses restèrent aussi dans l'église.

Le lendemain 29, à neuf heures et demie du matin, les 4 hérauts d'armes et le roi d'armes, couverts de crêpes, vinrent s'asseoir aux 4 coins du catafalque; le roi d'armes se mit aux pieds. Plusieurs officiers des gardes faisaient placer, avec l'ordre et la décence convenables au lieu et à cette cérémonie, les différentes compagnies des Tribunaux de la ville; et plus de 1,500 personnes, vêtues de noir, furent assises tant dans les côtés du chœur que dans le sanctuaire et les jubés. Lorsque tout fut disposé, le duc de Fronsac, le marquis de Chauvelin et les menins qui s'étaient rendus chez monseigneur le duc d'Orléans, en sortirent pour aller prendre leurs places dans l'église, et un moment après, Mr le marquis de Dreux vint avertir S. A. S. et la conduisit. Ce prince était, ainsi que la veille, en long manteau de deuil porté par le comte de Pons; il avait pardessus, les colliers de l'ordre du Saint-Esprit et de la Toison d'or. Ses gentilshommes le précédaient, et il était accompagné du duc de Tresmes qui marchait un pas en arrière. Après avoir traversé la cour de l'archevêché, il entra dans l'église. Étant parvenu au milieu du chœur, il fit une révérence à l'autel, ensuite au cercueil de monseigneur le Dauphin, et vint se placer dans la seconde stalle du côté de l'Épître, proche du sanctuaire, la première étant restée vide. Le duc de Tresmes et les autres personnes occupaient les stalles suivantes du même côté. Celles du côté de l'Évangile vis-à-vis demeurèrent vacantes. Le marquis de Dreux, grand-maître, et Mr de Nantouillet, maître des cérémonies, se placèrent aux pieds du catafalque, sur des siéges qui leur étaient destinés : les autres officiers, aussi vêtus de longs manteaux de deuil, occupèrent les places que leurs rangs ou leurs charges leur assignaient. Les chanoines étaient dans les stalles restantes à droite et à gauche; MMrs les évêques de Callinique, d'Auxerre et de Coutances furent placés dans le sanctuaire.

Mgr. le cardinal de Luynes, revêtu de ses habits pontificaux, assisté de deux dignitaires du Chapitre, et environné d'un nombreux cortége d'ecclésiastiques, célébra le saint sacrifice avec la plus grande solennité, à la fin duquel le prélat revêtu d'une chape, et toujours environné du même cortége, se rendit auprès du catafalque dont il fit deux fois le tour, en donnant aux Princes l'eau bénite et l'encens; après quoi le cercueil fut descendu par les gardes-du corps, de l'estrade dans le caveau. Le roi d'armes dit alors aux hérauts qu'ils s'apprêtassent à remplir les fonctions de leurs charges. L'un d'eux descendit dans le caveau; un autre resta sur le degré; le roi d'armes aussitôt dit : *M. le marquis de Chauvelin, maître de la garde-robe du Roi, apportez le manteau à la royale de monseigneur le Dauphin.* Ce manteau lui fut remis sur une écharpe de taffetas noir, et il le fit poser par les hérauts sur le cercueil. Il dit ensuite : *Monsieur le duc de Fronsac, premier gentilhomme de la chambre du Roi, apportez à Mgr. le Dauphin la couronne royale*, qui lui fut pareillement remise et placée dans le caveau, dont l'entrée fut à l'instant fermée d'une tombe. Alors le roi d'armes cria à deux différentes fois : *Très-haut, très-puissant et excellent prince, monseigneur Louis, dauphin de France, est mort.* La dernière fois, il ajouta : *Priez Dieu pour son âme.* Cette funèbre cérémonie achevée, Mr le duc d'Orléans s'approcha et rendit à ces précieux restes les derniers devoirs, en saluant profondément le tombeau qui les renfermait. Ce prince fut ensuite conduit par les seigneurs et les menins, dans son appartement à l'archevêché, où il reçut les compliments de tous les corps ecclésiastiques et laïques de la ville de Sens.

Peu de temps après, un architecte fut chargé par madame la Dauphine, de lever un plan dessiné de l'église métropolitaine de Sens, et principalement du chœur et du caveau où reposait ce qu'elle avait de plus cher. Cette princesse, dès la mort de son auguste époux, avait annoncé hautement son intention d'être inhumée dans le même tombeau. Un magnifique mausolée devait le couvrir, et Mr le marquis de Marigny, directeur des bâtiments du Roi, satisfait des ouvrages qui avaient déjà illustré Guillaume *Coustou* fils (1), le chargea de cette entreprise glorieuse. Il fallait que le sujet allégorique indiquât en même temps la présence du prince inhumé et le désir qu'avait manifesté la princesse d'être réunie au corps de son époux. Pour remplir ces vues, *Coustou* imagina de représenter le Temps couvrant d'un voile funéraire l'urne de monseigneur le Dauphin, et de laisser l'autre urne découverte. Cette idée

---

(1) Cet artiste était fils et neveu de deux hommes déjà célèbres dans la sculpture. Il mourut le 13 juillet 1777, âgé de 61 ans.

allégorique eut la préférence sur plusieurs autres non moins ingénieuses. Madame la Dauphine décéda (1) avant l'entière exécution du monument. *Coustou* en commença le modèle en 1766, et ne négligea rien de ce qui dépendait de lui pour répondre à la confiance du directeur des bâtiments du Roi. A peine l'illustre artiste avait-il mis la dernière main à son ouvrage, qu'il termina glorieusement sa carrière; cependant il n'eut pas la consolation de voir le monument assemblé et monté dans le lieu de sa destination.

On ne pouvait regarder autrefois ce mausolée, placé au milieu du chœur de la cathédrale, sans être frappé de sa magnificence : aussi un voyageur (2) a-t-il dit, en le voyant *qu'il effaçait le faste sacré, et insultait à l'Éternel;* mais cette réflexion se ressent du moment d'effervescence révolutionnaire où l'auteur écrivait. Un autre amateur, qui vit le monument en 1777, en a publié une description dont nous donnerons ici un extrait à nos lecteurs.

Ce mausolée lui semble un véritable poëme. « Je vois, dit-il, une action qui commence; l'intérêt s'augmente, et l'attention suspendue est enfin satisfaite par le plus sublime dénoûment. J'entre dans le temple que ce monument doit décorer. La première figure qui se présente à mes regards

---

(1) Marie-Josèphe *de Saxe* mourut le 13 mars 1767 ; conformément à ses désirs, ses cendres furent réunies à celles de son époux ; la cérémonie de ses obsèques se fit les 22 et 23 mars, avec non moins de pompe que celles de son époux. Ce ne fut que 10 ans après, que le mausolée fut placé sur leur tombe.

(2) P. Gallet, *Voyage sentimental*, déjà cité, p. 45.

est celle de l'*Amour conjugal.* Il est dans l'abattement, son flambeau est éteint, il l'éloigne de sa vue, et laisse tomber avec douleur ses regards sur un *enfant* tout en pleurs qui brise les chaînons d'une chaîne entrelacée de fleurs, symbole de l'Hymen. Le *Temps* a déjà couvert de son voile funéraire l'urne de l'auguste Prince, et se dispose à l'étendre également sur celle qui est destinée à sa vertueuse épouse... Ces 2 urnes funèbres sont liées ensemble d'une guirlande de la fleur qu'on nomme *immortelle.* J'avance au tour du monument : une inscription funèbre arrête mes regards; je remarque ensuite du côté qui fait face à l'autel, le *Génie* des sciences et des arts, qui, environné de ses attributs, et appuyé sur un globe, regrette le bonheur et pleure les exemples que la terre a perdus. Tandis que l'*Immortalité* est occupée à former un faisceau ou trophée des attributs symboliques des vertus dont le Dauphin et la Dauphine furent les modèles, et en consacre le souvenir à la postérité; la *Religion* pose sur leurs urnes une couronne d'étoiles, symbole des récompenses célestes destinées aux vertus chrétiennes. »

» Dans ce mausolée, on remarque de la grandeur, de la noblesse, une majestueuse douleur. Si vous en examinez les détails, que d'esprit, de finesse et de grâces ! Que la figure de la *Religion* est belle et sublime ! quelle dignité, quelle sagesse dans son attitude; et que de décence dans ses draperies ! L'*Immortalité*, susceptible de plus d'agréments et de légèreté dans les siennes que n'en exigeait la *Religion*, tient le cercle et le laurier, attributs qui lui appartiennent. Le regret causé par la mort du Dauphin, la satisfaction d'enrichir son tombeau du trophée de ses vertus morales, forment sur son visage une expression compliquée très-intéressante; la balance de la Justice, le miroir de la Prudence, le lis de la Candeur, enlacés dans les branches du palmier, sont les matériaux du trophée. La Religion et l'Immortalité sont liées par la même médiation du Génie des sciences et des arts, dont ce prince faisait son amusement. Pénétré de la plus vive consternation, il essuie d'une main ses larmes, et de l'autre tient un compas pour mesurer le globe céleste qui lui sert de soutien.

» Au jugement de tous les connaisseurs, l'antiquité n'a rien de plus pur, de plus correct que la statue de l'*Hymen* : il est représenté sous la figure d'un jeune homme ailé; sa douleur et son abattement sont de la plus grande vérité. Quelle délicate allégorie présente cette guirlande de fleurs entrelacées dans la chaîne que tient dans ses mains cet *enfant* assis aux pieds de l'Hymen! Chaîne et guirlande, tout est brisé; les chaînons et les roses effeuillées sont dispersées à l'entour, en désordre... Des trophées abattus, parmi lesquels on remarque un carquois et des ruines d'architecture, servent de degrés au Temps pour s'appuyer sur le piédestal. Sa faux est dans ses bras. L'artiste n'a pas mis de férocité dans ses traits; ce n'est point ce destructeur impitoyable qui frappe et renverse avec une joie cruelle. Ministre des décrets célestes, on reconnaît à sa tristesse mâle et sévère que l'obéissance seule les lui fait exécuter. Sa taille est d'une belle proportion, ses formes sont élégantes, ses chairs ont la fermeté de celles d'un bel homme. On remarque autour de l'Amour conjugal cinq brillantes étoiles : elles désignaient alors cinq rejetons précieux que le ciel conservait pour le bonheur de la France. »

« Un autre critique a dit que dans ce mausolée, on n'envisageait rien de sublime, très-peu d'unité et beaucoup d'images décousues et trop ressemblantes. On est tenté, continue-t-il, de regarder comme un pléonasme, la fleur appelée *immortelle* employée d'une part, et l'*Immortalité* ensuite personnifiée de l'autre. Mais la première désigne l'union immuable qui va régner désormais entre les deux époux, et la seconde est uniquement relative au souvenir durable de leurs vertus.

» Il s'ensuit au moins une stérilité d'invention dans l'artiste qui a confondu encore ces deux idées dans une troisième, car la couronne d'étoiles dont la *Religion* veut faire rayonner à jamais les deux urnes cinéraires, est encore une sorte d'*immortalité* qui ne peut être que celle des bienheureux.

» Les airs de tête, l'expression de visage de ces personnages allégoriques offrent trop de ressemblance. La douleur est le sentiment dominant de la *Religion*, de l'*Immortalité* et du *Génie des arts;* ce dernier doit avec raison témoigner l'affliction que lui fait éprouver la perte d'un élève et d'un protecteur; mais la *Religion* ne doit-elle pas plutôt se réjouir de voir dans le ciel ces deux héros chrétiens, dont le salut sur la terre était toujours en danger? et l'*Immortalité*, dont la figure annonce des regrets, ne semble-t-elle pas hésiter à couronner ces Princes, comme si des vertus et des forfaits en même temps les avaient illustrés, ce qui certes n'est pas à leur égard?

» On a trouvé les urnes trop mesquines et ne frappant pas assez par leur masse. Elles ne représentent qu'imparfaitement les augustes époux que doivent concerner toutes les parties de la composition.

» L'*Amour conjugal* dont l'artiste a fait un être distingué de l'*Hymen*, est une mauvaise allégorie qui ne fait qu'augmenter le galimatias de ce poëme froid et obscur, mélange bigarré du profane et du sacré, qui répugne à l'esprit et devrait être proscrit d'un temple religieux. *Coustou* s'imaginant sans doute distinguer l'Amour conjugal de l'*Amour* ordinaire, l'a fait grand, et lui a donné la forme d'un adolescent : cette idée recherchée déplaît encore à la plupart des spectateurs. On ne s'habitue point à voir l'*Amour* raisonnable.

» Enfin, quant à l'exécution du monument, continue le même critique, elle est grande, noble, savante, correcte et même hardie. Les figures de la *Religion* et de l'*Immortalité* sont habillées avec des draperies jetées avec grâce, à larges plis dont les contours moelleux marquent bien ceux du corps des deux divinités. La figure du Temps est imposante, dans une attitude vraiment pittoresque; elle a fourni à l'artiste l'occasion d'employer la vigueur et l'énergie de son ciseau. »

Bernardin-de-Saint-Pierre, qui vit ce mausolée à Paris, en a porté un jugement bien différent. Selon lui, nos artistes s'écartent quelquefois de l'objet principal jusqu'à l'omettre tout à fait. C'est le reproche qu'il a fait à Coustou. « La première chose que je cherchai à y reconnaître fut la ressemblance du Dauphin et de la Dauphine, à la mémoire desquels le monument était élevé : il n'y en avait pas seulement les médaillons. On y voit le Temps avec sa faux, l'Hymen avec des urnes et toutes les idées rebattues de l'allégorie qui est souvent, pour le dire en passant, le génie de ceux qui n'en ont pas. Pour achever d'en éclaircir le sujet, il y a de longues inscriptions latines assez étrangères à la mémoire du grand prince qui en était l'objet (1).

Voilà, continue Bernardin-de-Saint-Pierre, un beau monument national ! des inscriptions latines pour un peuple français; et des symboles païens pour une cathédrale. »

Les électeurs du département de l'Yonne, rassemblés, le 3 septembre 1792, dans la nef de cette église, pour nommer des députés à la Convention nationale, virent dans ce mausolée un monument du despotisme (2). Déjà, par l'ordre de quelques-uns d'eux le marteau était levé, mais par la vigoureuse et louable fermeté de feu Mr *Ménestrier*, maire alors, ce chef-d'œuvre de l'art fut préservé de la destruction. C'est en octobre 1793, en vertu d'un décret qui supprimait tous les signes de la féodalité, que ce mausolée disparut de la cathédrale; on pénétra ensuite dans le caveau où reposaient les corps du Dauphin et de la Dauphine; on les transporta dans le cimetière public où ils furent inhumés suivant l'usage ordinaire; on en fit autant de ceux du maréchal du Muy et du cardinal de Luynes, que l'on retira également des caveaux qu'ils avaient dans la cathédrale.

---

(1) Voyez ci-après, ces inscriptions avec la traduction.

(2) Nos neveux auront peine à croire les événement extraordinaires et tragiques dont cette ville fut témoin en peu de jours. Le cardinal de Loménie se présenta pour chanter, en faveur de cette réunion si libérale, une messe du Saint-Esprit, suivi d'un officier qui lui portait *la queue*. Le plus étonnant fut de voir le soir, le président de cette même assemblée, Lepelletier-St-Fargeau, ancien président à mortier, parcourant gaiement les rues, tandis qu'on y promenait la tête d'un citoyen, et non-seulement en faisant flotter son bonnet rouge en l'air, mais encore en chantant, accompagné des plus forcenés partisans de l'anarchie :

Qu'un sang impur abreuve nos sillons.

NOTICE SUR LES DEUX GROSSES CLOCHES

DE LA CATHÉDRALE DE SENS.

Dans une des deux tours de cette église, dite la *Tour de pierre*, il y a deux cloches d'une grosseur prodigieuse, appelées vulgairement les *Bourdons*. Avant de parler de leur origine et de leur poids, nous commencerons par indiquer quelques autres cloches fameuses, afin de mettre nos lecteurs à même d'en faire la comparaison avec celles de Sens.

On regarde la cloche de Pekin comme la plus grosse cloche du monde entier; elle pèse, dit-on, de 120 à 125 milliers. Les Chinois l'ont sonnée, il y a quelques années, en réjouissance d'une victoire remportée sur les Tartares. Il y avait fort longtemps qu'on ne l'avait entendue, et on en raconte des effets bien extraordinaires. Il faut cent hommes pour la sonner; on est dans l'usage de prévenir le public quelques jours d'avance, car elle cause une secousse si violente, qu'elle casse les vitres et les porcelaines, fait tomber les cheminées, écrouler les murs, mourir les nouveaux-nés parmi les hommes et les animaux, et avorter les femmes grosses.

La cloche de Moscou pèse, dit-on, 70 milliers; elle a 22 pieds 14 pouces 4 lignes de diamètre. Elle est tombée en 1737, et, depuis ce temps, on ne l'a pas relevée.

Celle de Nankin pèse 50 milliers.

La plus grosse cloche connue, après les trois dont nous venons de parler, était celle de Rouen, appelée *Georges d'Amboise* : elle pesait, dit-on, 35 milliers, et avait 8 pieds 3 pouces 6 lignes de diamètre, elle fut cassée et fondue en 1793. Elle avait été fêlée en 1786, à l'arrivée du roi.

Celle de Paris, appelée *Emmanuelle*, pèse, dit-on, de 30 à 31 milliers; elle a 8 pieds 1 pouce de diamètre.

Celle d'Erfort en Allemagne a 7 pieds 10 pouces de diamètre, et pèse 28,563 livres; elle a 10 pouces d'épaisseur.

Celles de Reims a 7 pieds 8 pouces de diamètre, et pèse 24 milliers, suivant son inscription.

Celle de Tours, avait 7 pieds 7 pouces 3 lignes de diamètre, et pesait 25 milliers. (*Voyez ci-après d'autres détails sur quelques* cloches *célèbres*).

Les deux cloches de Sens ne sont pas moins remarquables par leur grosseur, leur poids, leurs belles proportions, et surtout leur accord merveilleux. La plus grosse, appelée *Savinienne*, est peut-être la plus parfaite qui ait jamais été fondue, pour l'exactitude des dimensions, la forme élégante et le son harmonieux. La seconde, appelée *Potentienne*, quoique fondue par le même artiste et à la même époque, a des proportions moins correctes et moins agréables, et qui ne sont pas en rapport avec celles de Savinienne. Cette dernière a de plus que Potentienne 5 pouces de hauteur et 10 pouces de plus dans son évasement; mais la différence n'est pas la même pour l'épaisseur, elle n'est seulement que de deux lignes.

Comparaison de quelques dimensions de Georges-d'Amboise avec les deux grosses cloches de Sens.

GEORGES-D'AMBOISE.

Diamètre. . . . . 8 p. 3 pouc. 6 lignes.
Circonférence (1). . . . . 26 p. » 8 lignes.
Épaisseur de la cloche. . . . . . 8 pouc. 6 lignes.
Hauteur intérieure, prise de la naissance de l'anneau qui porte le battant jusqu'à la base horisontale de la cloche. . . . . 7 p. 8 pouc.
Circonférence du battant. . 3 p. 4 pouc. 6 lign.
Poids de la cloche. . . . . 35 milliers.

SAVINIENNE.

Diamètre. . . . . 8 pieds.
Circonférence . . . . 25 p. 1 pouc. 8 l. 1/2..
Épaisseur . . . . 6 pouc. 5 lign.
Hauteur intérieure. . . . . 6 p. 1 pouc.
Circonférence du battant. . 3 p. 1 pouc.
Longueur du battant. . . . 6 p. 2 pouc.
Poids du battant. . . . . . 572 livres.

POTENTIENNE.

Diamètre. . . . . 7 p. 2 pouc.
Circonférence . . . . 22 p. 6 pouc. 3 l. 1/2.

---

(1) La circonférence d'un cercle, suivant *Archimède*, contient en longueur supposée étendue en ligne droite, 3 diamètres, plus un 7e de diamètre.

Épaisseur	6 pouc. 3 lign.
Hauteur intérieure.	5 p. 8 pouc.
Circonférence du battant. .	2 p. 10 pouc.
Longueur du battant. . . .	5 p. 4 pouc.
Poids du battant	477 livres.

On remarque d'après ces calculs que Georges-d'Amboise avait en hauteur intérieure 19 pouces de plus que Savinienne; 3 pouces 6 lignes de plus dans son diamètre, et 2 pouces 6 lignes de plus en épaisseur. Sa hauteur était donc beaucoup trop forte pour son évasement, et son trop d'épaisseur faisait qu'elle rendait un son sourd et une espèce de bourdonnement qu'on n'aurait même pas entendu, dit *Pluche*, si l'on n'avait été averti que la cloche dût sonner.

Il est difficile d'annoncer d'une manière certaine le poids des bourdons de Sens. Les inscriptions qu'ils portent n'en font aucune mention, non plus que les mémoires du temps où ils ont été fondus. Si d'un côté nous comparons leurs dimensions à celles de plusieurs autres cloches, nous évaluerons Savinienne à 29 milliers, et Potentienne à 27, au plus; mais si, d'un autre côté, nous ajoutons foi à une tradition perpétuée de père en fils parmi nos sonneurs, la plus grosse pèse 32 milliers, et la moins grosse 28. Rien de plus incertain que les *échelles campanaires* adoptées par quelques fondeurs et publiées par quelques mathématiciens qui ont prétendu évaluer le poids d'une cloche d'après son diamètre. Ce problème ne peut facilement se résoudre, quelques fondeurs ayant suivi des règles particulières, et souvent varié les proportions selon leur caprice. D'après l'échelle de Pluche (insérée dans le tome 7 du *Spectacle de la nature*, *Paris*, 1747, *page* 348), Savinienne devrait peser 35,600 livres, et Potentienne 33,900. Suivant Lalande (*Almanach des Physiciens pour l'an IX*, *page* 44), Savinienne pèserait 22,418 livres, et Potentienne 16,120 livres. Si l'on fait attention au rapport que les fondeurs ont toujours établi entre le poids d'une cloche et celui de son battant, on n'obtiendra pas un résultat plus satisfaisant. L'usage est de donner à une cloche de 500 livres un battant d'un peu moins de 25 livres : à une cloche de 1,000 livres un battant d'un peu moins de 50 livres, et un d'un peu plus de cinq cents livres à une cloche de vingt milliers. Or Savinienne, ayant un battant de 572 livres, devrait peser à peu près vingt-trois milliers. Mais toutes ces conséquences ne sont pas mieux fondées que celles que l'on s'aviserait encore de tirer du nombre de bras qu'il faut pour sonner les unes ou les autres. Ainsi l'on ne pourrait pas raisonnablement présumer que les deux cloches de Sens pèsent ensemble le tiers de celle de Pékin, parce qu'il faut cent hommes pour sonner cette dernière, qui pèse 125 milliers, et 32 hommes pour sonner Savinienne et Potentienne.

La sonnerie de Sens qui, depuis plusieurs siècles, passait pour la plus belle et la plus harmonieuse de toute la France, n'était pas moins célèbre par son antiquité. Qui n'a pas entendu parler de la fameuse cloche appelée *Marie*, laquelle un jour *sonna toute seule et d'elle-même*, si l'on en croit une tradition du pays sénonais ? Voici l'événement qui a donné lieu à cette espèce de prodige que nos légendaires ont placé au nombre des miracles de saint Loup, évêque de Sens (1).

En 613, Clotaire II, roi de Soissons, voulant s'emparer des états de Thierry II, roi de Bourgogne, qui venait de décéder, envoya une armée pour attaquer Sens. Alors St Loup craignant pour son peuple les désordres qui suivent ordinairement la guerre civile, entra dans son église, et fit sonner la cloche dénommée Marie, pour appeler les fidèles qui vinrent se mettre en prières avec lui. Dieu les exauça; les ennemis dont les oreilles n'étaient pas encore faites au bruit d'une cloche aussi grosse, furent saisis d'une terreur subite, et se retirèrent aussitôt (2). Mais quelque temps après, Clotaire s'étant rendu maître de Sens, fit enlever la cloche qui, peu de temps auparavant, avait épouvanté ses troupes, et la fit transporter dans son palais à Paris. La chronique rapporte qu'en sortant de Sens, la cloche perdit entièrement son son. Devenue alors inutile à

---

(1) Le titre d'*archevêque* ne fut donné que vers la fin du 7e siècle aux prélats qui occupèrent le siége de Sens. *Géric*, qui vivait sous Clovis III, a été le premier décoré de ce titre.

(2) On fixe le premier usage des cloches en France, au commencement du 7e siècle, et particulièrement dans la Bourgogne. Sous Charlemagne les cloches devinrent très-communes, mais on n'en faisait pas encore de bien grosses. Il n'est pas étonnant que les troupes de Clotaire, qui étaient composées de Normands et de Parisiens, aient pu être effrayées au point de fuir, en entendant un bruit inattendu et nouveau pour eux. On peut comparer l'épouvante que causa alors la cloche *Marie*, à celle qu'occasionna aux habitants du bourg de Gonesse, à 4 lieues de Paris, la chute d'un ballon, peu de temps après l'invention des machines aérostatiques.

Clotaire, ce prince la renvoya; mais une fois arrivée à Pont-sur-Yonne, elle recouvra son ancien son, et elle résonna plus harmonieusem[illegible]e jamais. Le temps où l'on a écrit ce récit merveilleux est bien différent du siècle où nous vivons.

Cette cloche Marie, connue aussi sous le nom de *cloche de saint Loup*, a été refondue plusieurs fois depuis 613; elle l'a été pour la dernière fois en 1524, avec une autre cloche appelée Savinienne. Celle-ci aura sans doute été cassée et refondue en 1560, pour faire partie du bourdon qui porte son nom. Quant à la cloche Marie, elle a été fêlée en septembre 1792, en sonnant l'assemblée des électeurs qui se tint à Sens à cette époque. Elle a été depuis descendue et conduite à Paris, avec sept autres cloches qui étaient dans la tour de plomb (1).

Les deux bourdons furent fondus, tous les deux, en 1560, l'année du décès de Jean Bertrandi, cardinal et archevêque de Sens.

Savinienne fut faite la première au mois d'août; elle ne fut baptisée que le 17 octobre suivant, par M[r] de *Challemaison*, doyen de la cathédrale. Les parrains furent MM[rs] Christophe *d'Illiers*, grand vicaire; Jean *Richer*, président du Présidial; Robert *Hémard*, lieutenant criminel, et le savant Claude *Gousté*, prévôt de Sens. Les marraines

---

(1) Quelques historiens ont cru que cette cloche, et les trois autres qui étaient dans le clocher en flèche au-dessus de la croisée de la cathédrale, étaient celles même dont l'archevêque *Sévin* fit présent à l'église de Sens. Mais Sévin étant mort en 999, il n'a pu donner la cloche *Marie* dont il a été question en 613.

furent Mme *Lhuillier*, veuve d'Ambroise *Lhuillier*, lieutenant criminel, et Mme *Hodoard*, veuve de Jacques *Hodoard*, avocat du roi. On lit sur cette cloche l'inscription suivante, qui fera connaître le nom de l'habile artiste qui l'a fondue, ainsi que Potentienne. Les quatre vers latins ont été composés par Guillaume *Fauvelet*, archidiacre de Melun et chanoine de Sens.

Anno milleno quingento terque viceno,
Facta sonans Senonis Saviniana fui.
Obscuræ nubis tonitru ventosque repello;
Ploro defunctos, ad sacra quosque voco.

Archiepiscopatum Romæ tenente Pio quarto, regnante FRANCISCO secundo.

✝ *Gaspard* MONGIN-VIARD *m'a faicte.*

Un poëte contemporain a traduit de la manière suivante le quatrain ci-dessus :

Je fus fondue à Sens, l'an mil cinq cent soixante;
Par mon son, et le nom du premier saint primat,
La tempête et les vents n'offensent ce climat.
Je semonde (*convoque*) à l'office, et les morts je lamente.

Le troisième vers annonce que dans ce siècle-là, comme de notre temps, on attribuait aux cloches la vertu d'écarter les orages.

Potentienne fut fondue en novembre 1560, et elle ne fut baptisée que le 3 janvier suivant, par le même *Challemaison*, doyen. Les parrains furent MM. *Roger de Lure*, bailli de Sens; Christophe *Ferrand*, lieutenant particulier, et Pierre *Guillaume*, receveur du domaine. Les marraines furent Mme *Cartault*, épouse de Nicolas *Cartault*, avocat, et MMlles de *Beaumoulin* et *Lhuillier*.

On lit l'inscription suivante sur cette cloche :

Potentiana ego proxima Savinianæ comes, fusa mense novembris anno Christi 1560, PIO *quarto romano pontifice, regnante* FRANCISCO *secundo, Joanne* BERTRANDO *romanæ ecclesiæ cardinali, arch. Senon.*

† *Gaspard* MONGIN-VIARD *m'a faicte.*

Nous croyons qu'il y avait, outre cette inscription, des vers sur cette cloche; car nous lisons dans un manuscrit que MM[rs] du Chapitre, qui avaient fait seuls les frais de ces deux cloches, firent effacer des armoiries et des vers que le fondeur y avait mis sans leur permission.

On admire la solidité et la construction savante du beffroi où sont placés ces deux énormes bourdons. Le P. *Féri*, minime, membre de l'académie des sciences, fut appelé en 1760, par MM[rs] du Chapitre, pour perfectionner encore cette charpente, et pour mettre les deux cloches en état d'être sonnées avec plus de facilité; il a conduit cet ouvrage et dirigé toutes les réparations avec le plus grand succès.

Le 14 mai 1837, jour de la Pentecôte, la cloche Savinienne a été fêlée au moment où l'on commençait à la sonner, pour annoncer la grande messe. On a attribué cet accident au relâchement ou allongement du baudrier qui supportait le battant, lequel au lieu de porter sur sa *frappe* ordinaire, a atteint le bord plus mince et inférieur de la cloche, et a fait sauter un morceau pesant 37 kilog.

La fêlure que ce bourdon a éprouvée n'ayant eu lieu que très-près du bord, on espérait, au moyen de quelques réparations, pouvoir l'utiliser et le conserver.

Les vœux des habitants de cette Ville n'ont pas été trompés. Un jeune artiste de Caen, nommé Louis *Chicot*, âgé seulement de 22 ans, a fait preuve d'une grande habileté et d'un rare bonheur, en lui rendant ses sons harmonieux.

Ce bourdon, et l'autre appelé Potentienne, ont été longtemps suspendus d'après la méthode du temps où ils avaient été fondus. Ils ne rendaient chacun leur son qu'au moyen de 16 hommes. Plusieurs ouvriers avaient depuis quelques années, essayé en vain de les faire sonner avec plus de facilité et à moins de frais. Mais M. *Chicot* a monté ces deux cloches suivant les principes de l'art. Les proportions ont été exactement gardées, les battants calculés, et les baudriers remplacés par des chapes qui n'ont plus l'inconvénient de s'allonger. Elles sonnent maintenant par l'effet du système de bascule, et elles n'exigent chacune, pour être sonnées en grande volée, que quatre hommes seulement. D'après ce système, les sonneurs sont suspendus au-dessus des bourdons, sur des planches qui y sont attachées de sorte qu'ils sont enlevés à chaque fois avec eux. Ce spectacle est curieux, et même un peu effrayant pour les personnes qui le voient pour la première fois. Ce mode de sonnerie beaucoup plus économique, beaucoup plus simple, mieux entendu et moins dangereux, a été établi à Sens dans les premiers mois de 1840.

Les battants ont été rechargés et rebattus ; celui de Savinienne pèse 700 liv. et celui de Potentienne 400 liv.

Le ton de Savinienne est un *la* bémol, et celui de Potentienne un *fa* dièze.

M. Cochois-Liébaux, fondeur de cloches, invité en août

1838, par MM. de la fabrique, à mesurer et à jauger les deux bourdons, a déclaré que le gros, d'après ses calculs et son estimation, ne devait peser que 24,000 liv. et l'autre 17,000 liv; mais M. Chicot, d'après son évaluation qui paraît s'approcher bien plus de la vérité, donne au gros bourdon le poids de 31,171 liv. et au petit 27,730 liv.

Dans la tour de pierre où sont les deux bourdons, on a placé depuis 1839, deux cloches qui étaient dans la tour de plomb. L'une très-ancienne, appelée cloche *de la Commune*, pesant 900 livres, a été fondue vers la fin du 13e siècle, et placée dans une flèche au-dessus de la Porte commune. Elle servait à convoquer les assemblées de la Commune. Elle porte une inscription qu'on ne peut lire ni expliquer.

L'autre, fondue en 1819, sous le nom de *Louise-Thérèse*, provient d'un legs fait par madame veuve Jodrillat. Elle pèse 1550 livres environ, et le battant 74 livres.

Voici quelques détails sur le poids de plusieurs grosses cloches. (*Voy. ci-devant, p. 60*).

En angleterre, la cloche dite le *gros Thomas*, à Oxfort, 17,000 liv. — une cloche à York, 6,600; — à Lincoln, 9,894; — à Glocester, 6,500; — à Cantorbéry, 7,500; — à Saint-Paul de Londres, 8,400.

En italie, à Saint-Pierre de Rome, 18,667 liv., refondue en 1785; — à Florence, 17,000 liv.

A Chamberry, 24,000 liv., — à Genève, la cloche dite *Clémence* a 20 pieds de circonférence; elle sonne tous les jours un seul coup à midi.

En france, à Bourges, cloche dite le *gros Guillaume*, 10,000, liv.; — à Riom, 11,000; — à Grenoble, 10,000; — à Clermont, 9,000; — au Puy, 7,500; — à Toulouse,

7,000; — à Limoges, à Saint-Michel, 9,000; — à Vienne (Isère), 6,000; — à Saint-Flour, 6,000; — à Angers, 14,500; — Auxerre, 8,400; — Mende, 6,200 liv.

SUR L'ANCIENNE ET LA NOUVELLE HORLOGE

DE LA VILLE DE SENS.

L'horloge de Sens qui a été supprimée en 1780 était, comme nous le verrons plus loin, une des premières horloges sonnantes qui furent établies en France.

Ce n'est que vers le milieu du XIVe siècle que ce genre de machine horaire y fut introduit.

Plusieurs horloges sans sonnerie avaient paru quelques siècles auparavant. Le pape Paul Ier en adressa une au roi Pépin l'an 757. En 824, Pacificus, archidiacre de Vérone, en perfectionna une du même genre, et plus tard, Gerbert, qui fut archevêque de Reims, et pape sous le nom de Sylvestre II, en exécuta une vers la fin du 10e siècle.

Cependant l'usage des cloches dans les églises était déjà connu en Italie, car saint Paulin, évêque de Nôle en Campanie, l'y introduisit au commencement du 5e siècle : de là l'étymologie latine de *campana* qui signifie cloche. Quelques historiens pensent cependant que cet usage, dans nos églises, n'est pas antérieur au 6e siècle, et ils en trouvent la preuve dans la frayeur qu'elles causèrent aux troupes de Clotaire II, lorsqu'elles vinrent attaquer Sens en 613. (*Voyez ci-devant, page 65.*)

L'ancienne horloge de la ville avait été faite sous le règne de Charles V, en 1376, par Pierre Mélin, *horlogier du roi*, et ce n'est qu'en 1377 qu'elle fut placée au haut de la tour neuve (*tour de pierre.*) Le roi paya une partie des frais que nécessita la construction d'une lanterne de bois pour y mettre l'horloge à couvert.

Taveau (1) nous apprend que cette horloge coûta 500 fr. d'or (2) et que le Roi donna à prendre sur les aides une partie de cette somme. Charles avait fait exécuter, quelques années avant, à Paris, pour la tour du palais (1370) une horloge à sonnerie par un nommé Henri de Vic qu'il fit venir tout exprès d'Allemagne.

Il en fut aussi fabriqué une vers 1377 pour le château de Montargis; les cloches en furent fondues par Jean Jouvente qui, à pareille époque, fondit les deux petites cloches de notre horloge.

Voici les inscriptions qui se trouvent sur les trois cloches qui composent la sonnerie :

Cloche des heures appelée Marie.

Dimension de cette cloche :

Hauteur, 3 p. 8 pouc.

Diamètre à sa base, 4 p. 5 pouc.

✠ CHARLE ⊛ AV ⊛ NOM ⊛ POVR ⊛ LE ⊛ ROY ⊛ DE ⊛ FRANCE ⊛ VII ⊛ M ⊛ EC ⊛ PLVS ⊛ POYSE ⊛ EN ⊛ BALANCE ⊛ LES ✠ BORGOIS ⊛ DE

---

(1) Balthazar Taveau était procureur au bailliage de Sens; il est mort le 22 août 1586.

(2) Le franc d'or de Charles V vaut 12 fr. de notre monnaie, ce qui porte cette dépense à 6,000 fr.

❁ SENS ❁ MONT ❁ FAIT ❁ FAIRE ❁ LAN ❁ M ❁ CCC ❁ LX ❁ XVI ❁ ET ❁ CEST ❁ ORLOGE ❁ OV IE ❁ SVIS ❁ MISE ❁ DE ❁ LEVR ❁ CHATEL ❁ A LEVR ❁ DEVISE ❁ ❁ ❁

Charle au nom pour le roy de France sept mille et plus pèse en balance. Les Bourgeois de Sens m'ont fait faire l'an 1376 et cette horloge où je suis mise de leur châtel à leur devise.

Sur le couronnement de la cloche est représentée la vierge Marie tenant l'enfant Jésus ; à ses pieds est un lion couché : on y remarque aussi 4 médaillons, représentant les attributs de 4 évangélistes, au milieu desquels est Jésus crucifié : au pied de la croix est également un lion couché.

Au-dessous se lit l'inscription suivante :

DICO * MARIA * MEVM * NOMEN * VIRGINEVM *

Je porte le nom de la vierge Marie.

Les inscriptions des deux autres cloches sont gravées en lettres du même genre que la première. Nous les rapportons aussi en caractères figurés.

La plus forte cloche des quarts est haute de 1 p. 4 pouc. Elle a 1 p. 8 pouc. de diamètre. On y lit :

⚜ ⚜ † POVR CHANTE ⚜ P̃ME ⚜ AV ⚜ NOM ⚜ FRANCOIS ⚜ II CC ⚜ LIVRES ⚜ POISE ⚜ OV ⚜ ENVIRON ⚜ A ⚜ EN ⚜ MON ⚜ POIX ⚜ LAN ⚜ XVII ⚜ M ⚜ CCC ⚜ LX ⚜

POVR ⚜ SENS ⚜ ME ⚜ FIST ⚜ IOHAN ⚜ IOVVENTE ⚜ ⚜ ⚜ ⚜ ⚜ ⚜ ⚜ ⚜ ⚜

Pour chanter pour moi au nom François deux cents livres pèse ou environ a en mon poids : l'an 1377, Jean Jouvente me fit pour Sens.

La petite cloche des quarts a 1 p. 2 pouc. 1/2 de hauteur sur 1 p. 1/2 de diamètre. On y lit :

† PIERRE ⚜ AV ⚜ NOM ⚜ POVR ⚜ CHANTE. PME C ⚜ L. POISE ⚜ OV ⚜ ENVIRON ⚜ SENS ⚜ RIME ⚜ ⚜ ⚜ ⚜ ⚜ IOHAN ⚜ IOVVENTE ⚜ ME ⚜ FIT ⚜ POR ⚜ SENS ⚜ LAN XVII ⚜ M ⚜ L ⚜ XCCC ⚜ ⚜ ⚜ ⚜ ⚜

Pierre au nom pour chanter pour moi 150 pèse ou environ sans rime..... Jean Jouvente me fit pour Sens l'an 1377.

En 1516, le Chapitre continua les travaux de la tour neuve qui avaient été suspendus fort longtemps, et étaient restés à la hauteur de ceux de la tour de plomb. Au mois de juillet 1517, Tristan de Sallazar, archevêque de Sens, fit poser à l'un des angles de la tour neuve, au-dessus des abat-son, les assises de pierres nécessaires pour pouvoir élever la lanterne dans laquelle devait être placée l'horloge. La mort étant venue le surprendre en 1519, ces travaux furent interrompus jusques à l'avénement du cardinal Duprat, sous l'archiépiscopat duquel ils furent terminés en 1533.

La lanterne achevée, l'horloge y fut aussitôt placée ainsi que sa sonnerie (1), et ce n'est qu'en 1780, M. Sallot de Varennes étant maire, que l'on fut obligé de remplacer l'ancienne horloge dont le système n'était plus en rapport avec l'époque. — Ce fut M. Millot, ancien horloger du roi, retiré dans la ville de Sens, qui en eut l'entreprise.

Des conventions furent faites le 14 avril de cette année (1780) entre le Maire et cet horloger, par lesquelles ce dernier s'engagea à *faire et fournir une horloge neuve, de la poser en place de l'ancienne, pour le jour et la fête de tous les saints, moyennant quoi l'ancienne horloge, et le petit timbre lui seraient abandonnés, et qu'en outre il serait déchargé de toute imposition pendant sa vie et celle de sa femme, comme aussi du logement des gens de guerre, corvée et autres charges de ville.*

Notre horloge a été réparée dans les derniers mois de 1835, par M. Niot, horloger Paris. Dans le marché passé avec la ville, il s'engagea à *refaire l'échappement à neuf, à rétablir les conduites de cadrans, à fournir le centre et le cercle des minutes du cadran principal, moyennant la somme de 2,000 fr.*

Les réparations de l'horloge ont bien été terminées, mais il reste encore à faire marcher le cadran et ses accessoires (2), ce qui ne pourra avoir lieu que lorsque les travaux de restauration que l'on fait en ce moment à la façade de la cathédrale, seront achevés.

---

(1) Vers le milieu du 17e siècle, on fit l'application du pendule à cette horloge pour en régler le mouvement : cette amélioration était due au savant mathématicien Huyghens.

(2) Ce cadran a été fait aux frais de l'archevêque Tristan de Sallazar.

Inscriptions et Epitaphes

LES PLUS REMARQUABLES QUI SE LISENT DANS LA CATHÉDRALE DE SENS.

Épitaphes du Dauphin et de la Dauphine.

EPITAPHIUM

Augustorum LUDOVICI DELPHINI Franciæ, et MARIÆ JOSEPHÆ è Saxoniâ, illius uxoris amantissimæ.

D. O. M.

Hic jacet optimus Princeps,
LUDOVICUS DELPHINUS,
Ætate florente et solio jam maturâ,
Inter vota precesque populorum
Pro salute pretiosissimi capitis, heu!
Frustrà supplicantium, morte
Invidâ raptus.
Lugeat Gallia virum Principem,
Omnibus naturæ donis ornatum,
In omni regiæ sortis scientiâ versatum,
Patriæ amantissimum,
Filium Patris sui augusti
Observantissimum, conjugem fidelem,
Patrem liberos suos præceptis
Et exemplis assiduò informantem!
Lugeat Religio virum Principem
Nomine et operibus christianum,
Illibato morum splendore,

A teneris conspicuum, summâ erga
Deum pietate commendabilem,
Legis divinæ studiosissimum!
Fide securus, spe firmus, caritate ardens,
Magno spiritu vidit ultima,
Et terrena despiciens, ad æterna
Toto animo suspirans,
Cœlesti consolatione exuberans,
Incredibile sui desiderium relinquens,
Obiit die xx[a] *Decembris*
An. D. M DCC LXV, Ætatis XXXVI.

Orbata Conjux Maria-Josepha
E Regiâ Saxonum stirpe, Delphina
Cujus immedicabilis dolor,
Voluit se vitâ defunctam eodem
Condi tumulo; ut cinis cineri junctus
Mutui amoris posteritati perenne
Monumentum sit.
Sicut amore ita virtutibus par,
Mœroris acerbitate consumpta,
Omnibus flebilis.
Obiit die mensis Martii XIII,
An. M DCC LXVII, Ætatis XXXV,
Et fide conjugali etiam post mortem
Servatâ, cum planctu magno deposita est
Die ejusdem mensis XXIII.

Requiescant in pace.

EPITAPHES

Des augustes Prince et Princesse LOUIS, Dauphin de France et Marie-Josephe de Saxe, son Epouse.

D. O. M.

Ci-git très-excellent Prince
LOUIS, Dauphin,
Ayant acquis dans la fleur de son âge
Toute la maturité nécessaire
Pour régner.
Malgré les vœux ardents
Que toute la France offrait à Dieu,
Pendant sa maladie,
Pour la conservation d'une tête si chère,
La mort, jalouse de notre bonheur,
Nous l'a enlevé.
Que la France pleure un Prince
Orné de tous les dons de la nature,
Versé dans toutes les sciences
Qui sont du ressort des Rois;
Aimant avec passion la Patrie
Et le Peuple
Qu'il devait un jour gouverner :
Le fils le plus respectueux
Envers son auguste Père,
Un Epoux fidèle,
Un père qui se faisait un devoir
De former lui-même
Ses augustes enfants à la vertu
Par ses préceptes et ses exemples.
Que la Religion pleure un Prince,
Qui, non content

De porter le nom de Chrétien,
Le rendait encore vénérable
Par la sainteté de ses œuvres!
Qui, depuis sa plus tendre jeunesse,
Avait toujours eu les mœurs
Les plus pures.
Recommandable par sa profonde
Religion envers Dieu,
Et par l'observation la plus exacte
Et la plus fidèle de sa sainte loi;
Rempli de la foi la plus vive,
De l'espérance la plus ferme,
De la charité la plus ardente,
Il a vu approcher sa fin
Avec un héroïsme vraiment chrétien;
Et méprisant souverainement
Toutes les choses de la terre,
Soupirant de toute son âme
Après la possession des biens éternels,
Rempli des consolations célestes,
Il est mort,
Laissant des regrets inexprimables,
Le 20 Décembre, l'an de N. S. 1765,
Agé de 36 ans 3 mois et demi.

Marie-Josephe de Saxe,
Dauphine de France,
Dont la douleur est sans remède
Depuis la mort de son Epoux,
A voulu être enterrée après sa mort
Dans le même tombeau,
Afin que la réunion de leurs cendres

Restât à la postérité
Comme un monument éternel
De leur amour mutuel.
Egale à son époux
En vertus comme en tendresse,
Succombant enfin
A l'amertume de sa douleur,
Elle est morte
Digne de tous nos regrets,
Le 13 Mars, l'an de N. S. 1767,
Agée de 35 ans;
Et, ayant voulu garder la foi conjugale,
Même après sa mort,
Elle a été déposée le 23 dudit mois
De la même année,
Dans le même tombeau,
Que nous avons arrosé de nos larmes.

Requiescant in pace.

EPITAPHE DE RAOUL.

Dans le bas-côté à droite du chœur, non loin de la porte grillée qui conduit à la sacristie, on lit une épitaphe gravée en caractères de 10e ou 11e siècle. Elle était placée autrefois dans la chapelle Saint-Sauveur-des-Vignes, et lors de la destruction de cette église, elle a été transportée à la cathédrale et fixée au mur du côté du chœur.

Nous rapportons ici cette épitaphe, en la faisant suivre de sa traduction :

Morte soporatus juvenum pulcherrimus unus,
Nomine RACULFUS *hic recubat positus.*
Qui patiens, humilis, mitis, castusque, suavis,
Præfulgens meritis clericus atque fuit :
Ob animam cujus cuncti rogitate precantes;
Parce, Deus, famulo qui jacet hoc tumulo.

Au bas de cette épitaphe, on a ajouté ce qui suit, sur une autre pierre, en caractères modernes :

« Hoc monumentum, ineunte sæculo undecimo, piè dica- » tum memoriæ RACULPHI clerici, hujus ecclesiæ canonici ad » venerandæ antiquitatis specimen et canonicæ sanctitatis » exemplar, à cœmeterio sancti Salvatoris translatum, digno » decoratum fuit ornatu. A. R. S. M. DCC. LXI. »

TRADUCTION.

« Un jeune homme de la plus grande beauté, nommé » RAOUL, repose ici dans le sommeil de la mort. Il fut pa- » tient, humble, doux, chaste et docile; et fut un clerc très- » recommandable par son mérite. O vous tous, priez pour le » repos de son âme; mon Dieu, pardonnez à votre serviteur » que couvre ce tombeau. »

« Ce monument du commencement du onzième siècle, » élevé par un pieux motif, à la mémoire du clerc RAOUL, » chanoine de cette église, a été transporté du cimetière de » Saint-Sauveur dans cette église, et placé ici avec des orne- » ments convenables, tant pour conserver cette inscription » pieuse et d'une vénérable antiquité, que comme un modèle » de la sainteté canoniale. L'an de Notre-Seigneur 1761.

Cette vaste église a été carrelée régulièrement, savoir : le sanctuaire et le chœur en 1743 ; la nef et tout le reste de l'église en 1769. Auparavant on voyait de tous côtés des tombes de diverses dimensions, les unes en marbre blanc ou noir, d'autres en pierre et d'autres en cuivre ; elles ont été enlevées et ont disparu, lors des carrelages uniformes dont venons de parler. Ces tombes étaient couvertes d'inscriptions qui heureusement ont été copiées et relevées fidèlement avant leur destruction. Le recueil de ces épitaphes forme à lui seul un gros volume manuscrit : elles sont consultées pour l'histoire du pays, et surtout pour constater des époques.

On est étonné que dans cette vaste église où les prélats, les dignitaires et les ecclésiastiques avaient seuls le privilége d'être inhumés, plusieurs femmes y aient eu leur sépulture ; nous nommerons les deux femmes de Gilles *de Poissy*, décédées l'une en 1321, l'autre en 1326 ; Marguerite *la Hure*, sœur d'un archidiacre de Provins, décédée en 1500, Denise *Chanteprime*, épouse de Jean *Lehongre*, décédée en 1440, et la mère de M. *Doré*, chanoine, décédée en 1718.

DÉTAILS

SUR

L'ARCHITECTURE ET LA CONSTRUCTION DE LA CATHÉDRALE DE SENS.

Dom Martène a dit que la cathédrale de Sens était grande et large, et pouvait passer par une des plus belles du royaume. Ses deux tours, de hauteur inégale, s'élèvent majestueusement au-dessus de tout l'édifice, et dominent la ville, la plaine et une grande partie de l'horizon.

M. Fenel, savant doyen de Sens, pensait que la cathédrale, telle qu'elle subsiste aujourd'hui, avait été terminée vers le milieu du 12e siècle. Bien certainement cette église n'est pas la même que celle que l'archevêque Sévin avait consacrée en 997; car l'historien Clarius dit que le pape Alexandre III, qui habita cette ville du temps de Hugues de Toucy (vers 1160), consacra l'autel de Saint-Pierre *in ecclesiâ novâ*, dans l'église neuve. C'est donc sous Henri Sanglier et Hugues de Toucy que cet édifice fut conduit à sa perfection.

En l'examinant dans ses détails, on distingue des parties d'un goût bien plus ancien que dans d'autres. Si l'on compare le style de la construction de la chapelle de Saint-Jean, avec plusieurs portions des bas-côtés où il n'y a pas de chapelles, on remarquera dans ces divers endroits de petites arcades en plein cintre, soutenues sur des colonnes, tandis que partout ailleurs, il y a des cintres en ogives.

Que l'on considère donc avec attention cette même chapelle de Saint-Jean, les piliers de son sanctuaire, sa voûte en cul-de-four, signe de la plus haute antiquité, on se convaincra facilement que ce sont là les parties de ce vaste édifice qui datent de plus haut, et qui auront seules résisté aux ruines et aux incendies qui l'ont détérioré plusieurs fois. Les pleins cintres sont évidemment du 10e siècle, et les monuments où l'on remarque des cintres en ogive sont bien postérieurs. La tour de plomb offre beaucoup de pleins cintres, tandis qu'il n'y en a pas à la tour de pierre, ce qui dénote bien que cette dernière est moins ancienne que l'autre.

Ainsi donc les bas-côtés du sanctuaire portent le cachet du Xe siècle; l'intérieur celui du XIe; la croisée ou transsept et une partie des nefs sont de la fin du XIIe et du commencement du XIIIe; enfin les 3 arcades à l'entrée de la grande nef du côté droit approchent de l'époque de la renaissance.

Il faut convenir que si d'un côté l'on a des beautés de détail et de la hardiesse à admirer dans la construction des édifices gothiques, sous un autre rapport, on doit en blâmer le grotesque et la confusion des ornements trop multipliés. Ici, sous des chapiteaux de colonnes, se trouvent placés des mascarons ridicules; là, des figures de monstres ou des diables; plus loin, des têtes de Méduse ou de Gorgone, et autres figures hideuses capables d'effrayer les enfants et les esprits faibles. Quelquefois des saillies extraordinaires, des culs de-lampe et des clefs pendantes, d'un volume énorme, surprennent au premier coup d'œil, mais des supports cachés en fer en diminuent tout le mérite.

Depuis la construction des premiers temples chrétiens, combien ils ont dû éprouver de ruines, d'incendies, de reconstructions, par suite des irruptions des barbares, du mauvais choix des matériaux, du peu de solidité des fondations, des ravages du temps ou de l'intempérie des saisons. L'incendie de 970 (voyez ci-devant, page 8) et les guerres religieuses ont aussi causé de grands ravages, dans le 16e siècle.

Ce n'a guère été que sous Tristan de *Sallazar* que cette belle basilique, qui depuis sa reconstruction est restée si long-temps imparfaite, a été achevée, et est parvenue à l'état à peu près complet où nous la voyons.

PARVIS.

On donne ordinairement ce nom aux grandes places qui sont devant les cathédrales, et on le fait venir du mot *paradis*, parce qu'il était d'usage, aux portails des églises, de représenter les anges et les saints qui habitent la céleste demeure du Très-Haut. Sur le parvis de Saint-Etienne, il y avait anciennement une fontaine, ce qui avait lieu dans beaucoup d'autres villes. Dans quelques églises, ces fontaines étaient dans l'intérieur ; à Sens, l'église paroissiale de Sainte-Colombe, dans la Grande-Rue, en offrait un exemple. Les eaux en étaient bénites, et les premiers chrétiens, seulement avant d'entrer dans leurs temples, se lavaient les mains, le front et quelquefois la bouche, parce que c'était par-là que l'on recevait le corps de Notre-Seigneur. A ces fontaines ont ensuite succédé les bénitiers, d'abord placés au dehors et ensuite au dedans des églises ; par la suite, on s'est contenté seulement d'y tremper le bout du doigt, et de s'en mouiller le front. Les anciens se contentaient de le faire *en entrant*, mais les bonnes gens de la campagne et même des villes, maintenant, en prennent aussi en sortant. C'est ici le cas de rappeler qu'à Sens, comme à Paris, autrefois les enfants de chœur ne prenaient jamais de l'eau bénite qu'en entrant, et jamais en sortant de l'église.

Au mois de juillet 1788, on a enlevé cinq grandes marches, par lesquelles on descendait de la place dans la cathédrale, tant par la porte principale que par les deux petites portes latérales. Depuis ce temps on entre dans cette église et l'on en sort de plain-pied, comme on avait toujours fait précédemment par les portes d'Abraham et de l'Archevêché; on a remarqué que ce n'est pas la place qui aurait été exhaussée anciennement, car on n'a pas trouvé, en la baissant, d'ornements cachés près des portes de l'église.

Le portail de Saint-Étienne est d'un goût fort ancien, et l'on y remarque un amas confus de pièces d'architecture et de figures assez bien travaillées pour le temps où elles ont été exécutées.

La façade est composée de trois portails, dont nous ferons plus loin la description. (*Voy. ci-après, p.* 93 *et suiv.*)

VITRAUX.

La grande *rose* au-dessus du portail du nord est aussi remarquable par sa construction que par la beauté des peintures qui ont été faites sur des verres-glaces. L'apothéose de Jésus-Christ y est représentée; le Sauveur occupe le centre; chaque fleuron de la rose offre un chérubin jouant d'un instrument; ils sont au nombre de plus de quatre-vingts. Au-dessous, dans cinq grands panneaux de vitres, sont représentés : à gauche la résurrection des morts, et au-dessus le *soleil de justice* (1). A droite, du côté opposé, sont le jugement et la séparation des élus et des réprouvés. On y voit un roi précipité dans les enfers (2) et un prince de l'église montant aux cieux, et au-dessus l'*ange* des *ténèbres*. Dans le panneau du milieu, l'annonciation; au-dessus un Saint-Esprit; enfin dans les deux autres panneaux, de chaque côté de celui-ci, l'*ancien testament* figuré par Moïse, et l'arche d'alliance; et Dieu le père au-dessus; et le *nouveau testament*, figuré par la foi triomphant de l'idolâtrie, au-dessus le Christ portant sa croix.

Ce magnique vitrail, fut fait aux frais de Gabriel Gouffier, doyen de Sens, en 1529. On remarque dans le bas le donateur avec ses armes qui sont : d'argent à la bande fuselée de 5 à 6 pièces de sable.

L'amiral Gouffier de Bonnivet donna aussi 200 liv. le 15 mars 1506, pour faire mettre ses armes dans l'un des panneaux.

Les ouvriers qui avaient travaillé à la croisée reçurent un écu pour gratification. On imposa 40 sous sur chaque

---

(1) On pense qu'il y a eu ici transposition : l'*ange des ténèbres* doit présider à la résurrection des morts, et le *soleil de justice*, au jugement.

(2) On a cru aussi que ce roi, précipité du haut d'un édifice, était Jochosias. — En 1197, un autre prince, s'appuyant sur son balcon, en regardant passer ses troupes, tomba accidentellement avec le balcon, et se tua. C'était Henri II, dit le jeune, roi de Jérusalem, fils de Henri Ier, comte de Champagne.

prébende; la taxe fut portée à 10 liv. en 1508, et modéré à 6 liv. en 1509. Enfin sous Sallazar l'ouvrage fut terminé.

Charles VIII, qui était arrivé à Sens en mars 1495, accorda à l'église de Sens, pour aider à la construction de la croisée, le droit de percevoir, pendant quelques années, 15 deniers sur chaque minot de sel. Louis XII, son successeur, pour perfectionner la même croisée, donna en octobre 1500, 400 liv. à prendre pendant 6 ans sur le receveur des domaines.

C'est en 1490, que l'on commença à tailler les pierres pour la construction de ce portail. Auparavant il y en avait un fort vieux et fort laid qui fut démoli, et dont on vendit les pierres à un chanoine pour bâtir sa maison claustrale.

La *rose* du côté de l'archevêché, quoique moins estimée que celle qui est vis-à-vis, au nord, ne laisse pas que d'être aussi fort brillante et fort belle. Elle représente les 4 dernières fins de l'homme, la mort, le jugement, le paradis et l'enfer.

Dans les cinq panneaux de vitres au-dessous, on a peint les quatre évangélistes, et différents sujets de la vie de St-Etienne (1). Ce vitrail fut construit aux frais de l'archevêque Sallazar. On y voit ses armes (2), celles du chapitre, et celles de François Ier, mi-parties avec celles d'Anne de Bretagne.

---

(1) On lit sur ces panneaux, à côté du proto-martyr : *Suscipe spiritum meum*, et le nom de *Saul*.

(2) Les armes de ce prélat ont aussi été sculptées, en dehors du portail à main gauche.

Le 13 août 1506, Tr. de Sallazar donna 100 liv. pour cette construction; et le 21 mai 1509 il donna encore 300 liv.

Cette croisée fut terminée en 1516; et l'on s'occupa ensuite d'achever la tour de pierre.

On remarque que la voûte de la croisée ou du transept, près de ces roses, est plus haute de six pieds que celle de la nef et du chœur. La largeur du transept est aussi moins large de huit pieds que la nef et le chœur.

Cette rose fut construite par Sallazar, en partie du produit du gain d'un procès qu'il soutint contre Gabriel *Gouffier*, préchantre, qui *par pique*, dit un historien, fit faire la vitre de la porte d'Abraham qui est beaucoup plus belle.

Il éprouva encore d'autres contrariétés. Son chapitre était séditieux; les chanoines l'empêchèrent violemment de célébrer la sainte messe; on lui enleva sa mitre, et on l'abreuva de plusieurs autres outrages. Le doyen se leva de son siége, un jour de grande fête, vint insulter son archevêque âgé de 80 ans, et l'apostropha tout haut en lui disant qu'il était damné. Cependant ce prélat charitable et généreux fit beaucoup de bien à son église; il lui laissa les terres de Fouchères, de Villeneuve-la-Dondagre et de La Belliole qui rapportaient 1100 écus avant les guerres, et de plus la seigneurerie de Dian.

Mais un procès plus sérieux fut celui qu'il intenta au chapitre de Paris qui avait voulu, en 1503, 1504 et 1506, lui contester le droit qu'il avait, comme métropolitain, (Paris alors n'était qu'un évêché suffragant de Sens), de donner la bénédiction au peuple, d'officier pontificalement et de faire porter devant lui sa croix archiépiscopale. Il réclama, et fut maintenu dans ses prérogatives par arrêt du parlement, rendu en 1506 (*Voy. les Mémoires du Clergé.*) Le chapitre fut condamné à une amende de 400 livres qui lui servirent à faire faire de belles tapisseries dont il orna le chœur; des traits de la vie de Saint-Etienne y étaient représentés, et l'on y voyait aussi Tristan de Sallazar et Jean de Bray, doyen de son église, chacun à genoux devant un prie-Dieu.

Chapelle de Saint-Eutrope. La belle vitre dont est décorée cette Chapelle est un ouvrage du célèbre Jean Cousin. Elle a été peinte en 1530, suivant cette date qu'on y remarque sur l'un des panneaux. On lit au bas de chaque trait de la vie de ce saint Evêque de Saintes des inscriptions en lettres gothiques qui ont été mutilées en partie, ainsi que plusieurs des panneaux, malgré le grillage à petites mailles dont on a voulu les garantir en dehors. Félibien et d'Argenville et autres ont parlé de cette vitre ainsi que de celle de N.-D. de Lorette dont nous parlerons ci-après, et qui est aussi un ouvrage de J. Cousin.

Dans cette Chapelle fondée en 1317, par Guill. *du Plessis*, chanoine (1) et restaurée en 1530, par Nic. *Richer* et Nicolas *Fritard* son neveu, tous deux chanoines. En remarque sur l'autel un retable curieux, représentant la passion de notre Seigneur; il est distribué en dix tableaux de sculpture, divisés par des pilastres et ornés des figures

---

(1) Il était représenté en diacre, et en relief à côté de son épitaphe, en face de l'autel. La figure et l'inscription ont été détruites en 1795.

des douze apôtres travaillées avec goût et délicatesse. Les chiffres N. R. et N. F. se lisent répétés plusieurs fois dans le bas; ce sont ceux des deux chanoines que nous avons nommés plus haut.

Les figures de ces deux ecclésiastiques étaient aussi placées dans cette Chapelle, au mur méridional, au-dessous du vitrail; elles ont aussi disparu dans les temps révolutionnaires. Nic. *Richer*, mort le 11 février 1534 a été enterré dans le bas-côté vis-à-vis cette Chapelle, et Nic. *Fritard*, mort le 21 octobre 1564, a été inhumé dans la Chapelle de N.-D. de Lorette, avec cette inscription : *Hujus sacelli conditor*, — fondateur de cette Chapelle.

Chapelle de Notre-Dame de Lorette. On y remarque aussi un beau vitrail de J. Cousin, mais il a été bien mutilé par le temps, les restaurations et surtout par des obus et des biscaïens qui l'ont fracassé en février 1814, lors du siége de Sens.

Le sujet représenté dans cette vitre, placée au-dessus de l'autel, fait voir la sibylle Tiburtine qui explique à l'Empereur Auguste une vision qu'il eut. Il se regardait comme étant alors le maître du monde, et il la consulta pour savoir s'il y aurait jamais un être plus puissant que lui. La prophétesse en lui montrant dans le ciel la vierge tenant l'Enfant-Jésus lui dit : *Hic te majorem ipsum adora*, — adore celui-là même qui est plus grand que toi.

Autour de la sibylle sont plusieurs personnages, un grand prêtre, un guerrier, et autres spectateurs qui paraissent effrayés de la prédiction : dans le fond on remarque un temple romain.

C'est Nicolas Fritard qui a fait construire cette Chapelle; le vitrail a été fait aux frais du même chanoine et de Nic. *Richer* son oncle; leurs chiffres N. R. et N. F. se lisent peints sous les vitres, et ils sont aussi sculptés sur des pierres saillantes, au dehors de l'église, le long de cette Chapelle.

On connaît une estampe d'Antoine de Trente, fort recherchée des amateurs, et représentant le même trait de la sibylle; elle a 12 pouces 8 lignes de haut sur 9 pouces 6 lignes de large. Elle est imprimée en camaïeu vert, de deux couleurs et en deux planches, d'après le Parmesan.

Un ancien poëte nommé Bouton, dans une pièce de vers de 54 strophes, en a consacré 12 aux sibylles, et il termine celle qui regarde la sibylle Tibertine, en lui faisant dire à l'empereur Auguste.... » qu'il n'était digne

« Qu'on l'adorât comme Seigneur,
» En lui montrant le créateur
» Ès cieux, et la Vierge pucelle
» Vingt ans avant qu'il nacquît d'elle.

Les autres vitraux de cette église, encore fort nombreux, sont remarquables ou pour leur antiquité, ou par leurs vives couleurs, ou par les divers sujets de l'histoire sacrée qu'ils représentent. Ceux du chœur, de la chapelle Saint-Savinien et du bas-côté au nord du chœur sont du 13e siècle. Les figures y sont peintes dans des proportions trop petites; ces vitraux étant placés très-haut, les détails en échappent à la vue. Près de la salle dite du chapitre, on a représenté quelques traits de la vie de St-Thomas Becket, archevêque de Cantorbéry. A gauche et à droite des deux roses, les vitraux sont occupés par des figures d'évêques, de saints, de princes et autres personnages, dont un grand nombre sont accompagnées des armes des donataires.

PORTAIL PRINCIPAL.

Entre les deux battants de la porte, sur un pilier de pierres de taille, est placée la statue de saint Étienne, patron de l'église et du diocèse de Sens. Le saint martyr tient un livre dans ses mains; cette figure est la seule peut-être de tout cet édifice dont la tête n'ait pas été brisée dans les temps de la terreur; et ce qui l'a fait respecter a été sans doute l'idée d'écrire en gros caractères : *Livre de la Loi*, sur le volume d'évangile placé dans ses mains.

Au-dessous du Saint, sont représentées la Religion et la Justice assises et foulant aux pieds deux monstres qui caractérisent les hérésies; la Justice tient une épée. Le long du pilier à droite, sont des rinceaux ou pampres, chargés de raisins becquetés par des oiseaux ou cueillis par des hommes ; dans la partie inférieure, sont représentés un homme tenant une grappe et foulant la cuve, et une autre figure dont le sujet nous est inconnu. Le long du même pilier à gauche, sont des ornements de caprice, sans raisins ni oiseaux; au bas, deux sujets inconnus.

A gauche et à droite de la grande porte, sont représentés les douze Apôtres, tenant chacun les livres de l'Évangile qu'ils ont enseigné et pratiqué. Au-dessous des Apôtres, à droite, on voit une suite de 24 petits bas-reliefs dans lesquels sont figurés les divers travaux de la campagne des douze mois de l'année. Ce calendrier rural est curieux à voir. C'était alors la coutume de placer aux portails des églises les douze signes du Zodiaque conjointement avec les travaux agricoles des mois qui y correspondent. Voici le détail des douze bas-reliefs de la rangée supérieure :

1. Une figure inconnue portant un manteau.

2. Un homme couvert d'un manteau et se chauffant.

3. Un autre coupant du bois.

4. Un autre couvert d'un long manteau et paraissant semer.

5. Un autre à cheval ayant un bras levé.

6. Un homme fauchant.

7. Un autre portant des gerbes.

8. Un autre battant en grange.

9. Des vendangeurs.

10. Un homme entonnant du vin.

11. Un autre cueillant du gland.

12. Un autre à cheval sur un porc.

Les douze sujets de la rangée inférieure représentent :

1. Un homme tenant une espèce de raquette, et à cheval sur un poisson.

2. Une sirène tenant un poisson.

3. Un homme armé d'un glaive, et debout devant un enfant.

4. Un autre debout devant un enfant auquel il paraît pardonner.

5. Deux hommes se battant : l'un tient un bouclier, l'autre lève un bâton.

6. Deux hommes se battant à coups de poing.

7. Deux femmes se battant.

8. Deux hommes se battant.

9. Une femme assise sur un temple.

10. Un homme baptisant un personnage qui incline la tête.

11. Un homme debout, levant un glaive sur un autre personnage qui tient un bouclier.

12. Une femme assise, les bras étendus.

Au-dessous des Apôtres, à gauche de la porte, sont représentés sur deux lignes vingt-quatre autres sujets correspondant à ceux que nous venons de décrire. On y remarque des animaux inconnus et des figures emblématiques dont l'explication est très-difficile. Voici ce que les douze figures de la rangée du haut laissent à peu près deviner.

1. Une figure, les pieds en l'air, représentant la révolution de la terre.

2. Un éléphant portant l'Arche ou un édifice surmonté d'une rotonde.

3. Un oiseau ailé portant une crète de coq.

4. Un griffon à quatre pattes.

5. Un oiseau ressemblant à une cigogne, et portant un enfant.

6. Un chameau monté par un enfant.

7. Un homme embrassé par un ours.

8. Un lion tournant la tête, et paraissant tenir un objet dans sa gueule.

9. Un oiseau à long cou, sans crète, avec des pattes d'oie.

10. Un homme terrassant un quadrupède dont il ouvre la gueule. Il porte un manteau flottant, ainsi que ses cheveux.

11. Un animal debout, portant des cornes.

12. Un quadrupède (tout mutilé) avec une queue contournée.

Les douze sujets de la rangée inférieure représentent des rosaces et autres ornements insignifiants, dont nous ne pouvons définir l'usage.

Dans le tympan qui est au-dessus de la porte à deux battants, on a représenté l'histoire du martyre de saint-Étienne, dont les diverses circonstances représentent autant de bas-reliefs.

Les contours de la voussure sont ornés d'une multitude d'anges, d'archanges, chérubins, séraphins, saints et saintes, bienheureux et autres esprits angéliques qui, tous ensemble, offrent l'image du Paradis. Ils contemplent une main sortant d'un nuage (au 2e cintre); on la reconnaît pour la marque de la divinité; c'est de cette main toute-puissante de Dieu, figurée ici, qu'il est dit dans saint-Jean, 10, 18; *Et non rapiet eos quisquam de manu meâ.*

De chaque côté de la porte principale, sont représentées, à droite, les cinq Vierges sages, tenant leurs lampes droites et allumées; et à gauche les cinq Vierges folles qui tiennent les leurs renversées.

Au-dessus de l'arcade en ogive de ce même portail, dans dans les angles, on remarque deux grands bas-reliefs de forme circulaire; le premier représente une ville dont les portes sont ouvertes. Au-dessus est un homme qui a les bras étendus. On aperçoit à la porte de cette ville un ange qui sonne de la trompette pour appeler les fidèles dans cette cité sainte, la nouvelle Jérusalem.

Le second médaillon représente une ville fermée, au-dessus de laquelle est un homme triste et pleurant : *Eo quòd non sint qui veniant ad solemnitatem*, et plus haut un hibou, symbole de l'hérésie et des ténèbres de l'erreur.

Au-dessus de la première galerie de la façade et du cadran, on voyait anciennement la Majesté divine, encensée par des anges en adoration, ce qui semble annoncer aux chrétiens ce qu'ils devraient faire toujours.

Au-dessus de la porte principale, il y avait aussi autrefois une magnifique rose en vitraux peints, dans le genre de celles que l'on admire au-dessus des portes latérales de la croisée de l'église. Elle fut détruite entièrement par suite d'une décharge considérable d'artillerie qui eut lieu à Sens, ainsi qu'un feu de joie et autres réjouissances, pour la naissance du roi en 1638.

PETIT PORTAIL A DROITE, DIT DE SAINTE-CROIX, SOUS LA TOUR DE PIERRE.

On y voyait autrefois à droite sept grandes statues d'Apôtres, qui ont été détruites et renversées par le vandalisme. Sur le bandeau qui est au-dessous, sont des figures d'un travail assez rare, représentant en relief quinze prophètes de l'ancien Testament. Au côté gauche du portail, il y avait aussi anciennement deux autres Apôtres, et au-dessous, l'on voit encore aujourd'hui les figures de sept autres prophètes d'une proportion beaucoup plus petite. Dans le tympan qui remplit le fond du cadre ogive, au-dessus de la porte, on a représenté le trépas de la sainte Vierge. (C'est de ce côté que l'on entrait pour aller à la chapelle de la Vierge.)

Au-dessus de ce portail, à droite, était placée la statue équestre de Ph. de Valois; on en remarque à peine quelques vestiges. Guillaume de Brocia, archevêque de Sens, avait fait élever ce monument en reconnaissance du jugement prononcé le 29 décembre 1335, par ce monarque, en faveur des droits et des immunités du clergé (Voy. au sujet de cette décision, rendue malgré les instances de *P. de Cugnières*, ci-devant page 21.) On lisait au-dessus ces deux vers :

Regnantis veri cupiens ego cultor haberi,
Juro rem Cleri libertatemque tueri.

Un ouvrier, chargé, en 1517, de repeindre cette statue, par un anachronisme choquant, plaça au cou de Philippe de Valois le cordon de St-Michel, qui ne fut institué que sous Louis XI, c'est-à-dire plus d'un siècle après. Quelques auteurs ont rapporté que plusieurs églises de France, à l'instar de celle de Sens, élevèrent un superbe monument à Philippe de Valois; c'est à tort. A Paris, c'est la statue de Philippe-le-Bel que l'on voyait dans la nef de Notre-Dame; le motif de cette érection était l'accomplissement d'un vœu que ce prince avait fait à la Vierge, avant la bataille qu'il gagna à Mons-en-Puelle, sur les Flamands rebelles, le 18 août 1304. A Chartres, le même prince avait établi une fondation pour le même sujet; mais la statue n'y fut jamais placée.

PETIT PORTAIL A GAUCHE, SOUS LA TOUR DE PLOMB.

On a cru à tort que cette tour était le reste d'un temple de païens, à cause de quelques figures idolâtres que l'on a cru y remarquer au portail. Il est bien constant que cette église a été bâtie plusieurs fois depuis saint Savinien.

A droite de la porte, on voyait trois statues représentant

Élie, Jérémie et saint Jean-Baptiste, et à gauche, trois autres : celles d'un roi et d'une reine, et celle de leur fille qui tenait une pierre dans sa main pour indiquer, disait-on, que c'était elle qui avait posé la première pierre de cet édifice. On a conjecturé que ces figures étaient celles de Clovis, de Clotilde et de Théodéchilde leur fille.

On regarde aussi cette dernière princesse comme fondatrice de l'abbaye de Saint-Pierre-le-Vif; et, suivant une autre tradition, la reine Clotilde était regardée comme fondatrice de la paroisse de Saint-Pierre-le-Donjon de cette ville, réunie, en 1750, à la paroisse de Saint-Hilaire, et démolie en 1776.

La fondation supposée de la cathédrale par Théodéchilde, morte vers l'an 563, tombe d'elle-même, lorsque l'on considère la forme et les ornements de ce portail dont la construction ne remonte pas au-delà du 12.e siècle. Cette tour fut élevée par les ordres de Philippe-Auguste, après le funeste incendie de 1184. Il faut donc plutôt en conclure, pour cette raison, que l'on y plaça la représentation de ce roi et d'Isabelle de Hainault son épouse. Quant à la troisième figure qui tient en sa main la pierre angulaire, nous n'en pouvons dire le nom.

Les figures de Clovis, de son épouse et de sa fille, ne pouvaient donc être celles que l'on voyait à ce portail, avant qu'elles aient été renversées par la hache révolutionnaire; car Clovis est mort en 511, et l'église de Sens fut totalement détruite par un incendie en 970. (Voyez ci-devant, pag. 8.)

D'ailleurs, sainte Théodéchilde, qui a fondé St-Pierre-le-Vif, n'était pas fille de Clovis, mais de Thierry Ier, roi d'Austrasie et fils de Clovis ; elle devint reine des Varnes. On la nomme en français *Théchilde*, *Théodéchilde* ou *Theudéchilde*, et en latin *Théchildis* ou *Theutechildis* ; elle mourut en 563, et sa fête se célèbre le 26 juin. On ne doit pas non plus la confondre avec *Théodégilde*, seconde femme de *Caribert*, roi de Paris en 566. A Saint-Pierre-le-vif, on lisait autrefois cette épitaphe où on lui donnait à tort la qualité de fille de Clovis :

Hic jacet Sancta Theodechildis, Clodovei *primi francorum regis filia, cujus hortatu Benedictinum istud cœnobium à patre fundatur, et ejus basilica à christo domino mirabiliter consecratur anno D. VII.*

On a fait aussi cette épitaphe française sur la même fondatrice :

« Théodéchilde, reine, a fait bâtir ce lieu,
» Le dotant de grands biens pour des hommes de Dieu. »

Cette princesse avait été mariée à *Radiger*, roi des Varnes, peuples de la Frise et de la Batavie. Ce prince, pour l'épouser et pour s'appuyer de la protection de Thierry, son père, roi d'Austrasie, avait répudié sa première femme, fille du roi des Brittiens, peuple de la Grande-Bretagne. Cette dernière princesse, avec la protection du roi son père, arma une puissante flotte, descendit sur la côte des Varnes, livra bataille, vainquit son mari et le fit son prisonnier. Ce dernier obtint son pardon, consentit à la reprendre et renvoya en France Théodéchilde qui passa le reste de ses jours en œuvres de charité et de piété. Elle vint à Sens, fonda le monastère de Saint-Pierre-le-vif où elle fut enterrée. Son corps fut trouvé en 1643.

Dans le tympan, au-dessus de cette porte, sont représentés divers traits de la vie de saint Jean-Baptiste. (C'est par cette porte que l'on entrait pour aller à la chapelle de Saint-Jean, dans cette même église.) Plus haut, l'on voit la représentation de la résurrection de Jésus-Christ. Tout dans le bas, à droite, un bas-relief représente la *Libéralité*, ouvrant ses trésors; on lit au-dessus en caractères gothiques : *Largitas*. A gauche, on voit la figure de l'*Avarice*, pleurant, et assise sur son coffre, se déchirant le visage et s'arrachant les cheveux. Au-dessus, on lit : *Avaricia*.

PORTES LATÉRALES.

Celle qui est au nord, dite d'*Abraham*, comme nous l'avons dit page 12, a été commencée en 1491, par Pierre Gennart, doyen de Sens, qui en posa la première pierre, et sous Louis de Melun, archevêque, qui y fit mettre ses armoiries. On voyait à l'extérieur et au milieu la statue du saint patriarche dont elle porte le nom; et dans les côtés les figures de plusieurs rois de l'ancien testament; on lisait leurs noms gravés au bas, tels que David, Salomon, etc. Il y avait à gauche, une petite figure de vierge pour laquelle les mariniers avaient une grande vénération et qu'ils décoraient de fleurs, dans de certaines circonstances. Cette figure, ainsi que toutes les autres q' décoraient ce portail, a été détruite ou mutilée par les iconoclastes révolutionnaires. Au-dessus de cette porte, il y a une très-belle rose en vitraux, dont nous avons parlé. (Voy. ci-devant, pag. 86.)

La porte latérale, du côté de l'archevêché, a été construite du temps de l'archevêque *de Sallazar*; nous en avons aussi parlé ainsi que de la belle rose en vitraux qui est au-dessus. (Voy. pag. 88.)

TOUR DE PLOMB.

On appelle ainsi l'une des tours de la cathédrale, à cause des lames de plomb dont elle est couverte. On la nommait aussi la vieille tour, ou tour de Saint-Michel, parce qu'il y avait anciennement une chapelle consacrée à ce saint archange. Elle fut supprimée et détruite en 1770, et on y plaça les archives du Chapitre que l'on voulait mettre à l'abri de l'humidité et des incendies. La dépense de cette translation a coûté 3,000 liv.

Cette tour a précédé de plusieurs siècles la *tour de pierre*. Dans cette dernière, en 1222, Philippe de Mantes, doyen de la cathédrale, fonda la chapelle de Saint-Vincent, et l'acte de fondation prouve que cette chapelle fut érigée dans la *tour neuve*, donc la tour de plomb était bien plus ancienne. Celle-ci a été bâtie du produit de la vente d'un rétable de vermeil que l'archevêque Sévin avait donné en 978 à son église, pour en décorer le maître-autel. En 989 environ, le même prélat fit présent d'un autre rétable bien plus précieux; celui-ci tout en or, avait été conservé jusqu'en 1760; mais il fut alors porté à la Monnaie pour les besoins de l'Etat. Le Chapitre de Sens en toucha la valeur en une somme de 40,000 fr. qui fut convertie en une rente de 2,400 fr. que le trésorier touchait tous les ans, et qui cessa d'être payée lors de la suppression du Chapitre en 1790.

Cette tour fut bâtie en grande partie par les libéralités de Philippe-Auguste vers l'an 1184. Elle devait être terminée en pierre, mais elle ne put l'être à cause des guerres; on fut obligé de la couvrir provisoirement de lames de plomb, et ce provisoire dure encore.

TOUR DE PIERRE.

Cette tour commencée en 1267, du temps de Pierre de Charny avait été aussi couverte en plomb comme l'autre, parce que, par les mêmes motifs, on n'avait pu la terminer. Ce n'a été que sous Tristan de Sallazar que l'on a pu l'élever jusqu'à la lanterne. On l'appela longtemps *la tour neuve* et ensuite *tour de Saint-Vincent*, à cause d'une chapelle de ce nom qui y avait été fondée, au-dessous de la sonnerie des bourdons. La figure colossale de ce saint était placée à l'extérieur, en face du midi, dans une grande niche.

La cathédrale de Sens, et notamment ses tours, paraissent avoir été construites avec des pierres provenant des carrières de Tonnerre ou des environs; cependant celles de la lanterne sont d'un grain beaucoup plus tendre que celles du reste de l'édifice, car, quoique plus modernes, les marches de l'escalier en sont bien plus usées. Une remarque bien singulière, c'est qu'à l'une des marches les plus élevées de l'escalier conduisant à l'horloge, il y a *un fer à cheval sculpté*; et que cette même empreinte se trouve sur la plupart des pierres qui ont servi à la construction du pont du Gard, et du cirque des Arènes à Nîmes. Nous ne pouvons expliquer si cette marque a quelque rapport avec la carrière d'où les pierres proviennent, où bien à l'ouvrier qui les aura taillées ou employées.

SUR LE CLOÎTRE ET L'ARCHEVÊCHÉ.

L'archevêché était primitivement placé dans le cloître, à gauche à côté de la cathédrale. Les chanoines y ont été cloîtrés en commun jusqu'à Jérémie; (cet archevêque est mort en 828.) Alors, le Chapitre de Sens commença à se relâcher de cette belle discipline qui régnait depuis long-temps entre l'archevêque et les chanoines. Le prélat les conduisait comme un abbé commande à ses religieux, et les chanoines lui obéissaient, même pour la nourriture et le vêtement.

Le cloître fut entièrement brûlé en 968; ce qui obligea Archambault, qui y demeurait précédemment avec ses chanoines, à se retirer à Saint-Pierre-le-vif. Daimbert, vers l'an 1108, obtint du roi Philippe Ier qui était alors à Sens, que le cloître fût fermé de murailles. D'autres disent que ce fut sur la demande d'*Etienne*, prévôt de la cathédrale, que cette grâce du roi fut accordée.

En 1454, sentence fut rendue portant qu'en cas de guerre, le Chapitre ne pourrait fermer ses portes la nuit (car le cloître était alors environné de cinq portes, et dans tout cet enclos l'on comptait environ 36 maisons canoniales); et que s'il arrivait un accident de nuit, dans tout autre temps où elles ne seraient pas ouvertes, les portiers seraient tenus de les ouvrir, d'après les ordres du gouverneur de la ville ou du procureur du roi.

Il y avait à Sens, au centre du Cloître, comme dans beaucoup d'autres villes, une petite place appelée Préau *(pratellum)*, au milieu de laquelle était un puits, pour l'usage de la vie commune. Autrefois le célébrant allait tous les dimanches le bénir à la procession. Ce puits qui a été détruit en 1788, pour réparer celui de la place St-Étienne, passait pour un chef-d'œuvre d'architecture; il avait été construit l'an 1534, sur les dessins de Godinet, fameux architecte de Troyes, et des deniers d'une croisade qui n'eut pas lieu. Deux chanoines de Sens, Nicolas Fritard et Nicolas Richer, son oncle, présidèrent à cette construction. Ce puits était couronné d'un dôme très-élégant, en forme de lanterne, enrichi de bas-reliefs, taillé à jour, d'une délicatesse et d'une légèreté singulières, et supporté sur trois colonnes entre lesquelles étaient 3 pendentifs ou commencements d'autres colonnes. L'eau en était très-saine, et l'on avait placé dans le haut, au-dessous d'une frise circulaire, cette inscription (avec la date de 1534) :

O vos! qui non habetis argentum, bibite aquam cum lætitiâ.

Ces mots sont tirés en partie d'Isaïe, 55, 1, où on lit : *Omnes sitientes, venite ad aquas, et qui non habetis argentum.....* Près de ce puits, il y avait une petite promenade plantée anciennement en sycomores, et vers les derniers temps, en tilleuls.

Il y avait aussi autrefois, au milieu du cloître, une petite chapelle sous l'invocation de Saint-Cyr (enfant de 3 ans), martyrisé avec Sainte-Julitte sa mère, à Tharse en Cilicie. Cette chapelle fut bâtie, dit-on, par Richer, archevêque, mort en 1096, pour l'usage de 4 chanoines infirmes, chargés de la desservir ou faire desservir. Dès 1745, on cessa de faire l'office dans cette chapelle; et on commença à le célébrer d'abord dans la chapelle de St-Savinien, derrière le chœur de St-Etienne, et par la suite dans le chœur même. La fête se célébrait le 16 juin. Pour aller à cette chapelle, la procession sortait de l'église par une porte dite de Saint-Denis, placée où est la chapelle du sépulcre; près de cette porte était anciennement le palais de l'archevêque; une petite rue conduisait à la chapelle de Saint-Cyr. Il ne reste plus aujourd'hui aucun vestige ni de cette ancienne chapelle, ni de ce palais épiscopal, ni de cette petite rue (1).

En 1731, M. Languet publia un nouveau catéchisme que les religieuses Ursulines, et plusieurs curés de cette ville, s'obstinèrent à ne pas vouloir enseigner. Ce prélat les fit interdire en 1735, et fit ouvrir dans cette même chapelle de Saint-Cyr, une classe, pour y faire enseigner à ses frais les jeunes filles; deux sœurs y faisaient l'instruction. Mais après la mort de M.r Languet, cette école fut entièrement supprimée, en 1754.

Nous avons vu plus haut qu'après l'incendie du cloître en 968, Archambauld était allé habiter Saint-Pierre-le-vif. Sévin, l'un de ses successeurs, voulant demeurer près de son église, jeta les fondements du palais épiscopal, dans l'emplacement où nous le voyons aujourd'hui. Cet édifice fut détruit et remplacé par un autre que Gauthier Cornut fit bâtir en 1231, près de la place Saint-Etienne. (C'est dans l'endroit où siégeaient autrefois les tribunaux.) Ce prélat fit construire ce palais avec une grande solidité et

---

(1) La chapelle de Saint-Cyr était placée dans la maison où demeure aujourd'hui M.r *Dallemagne;* la porte de l'église, dite de Saint-Denis, condamnée entièrement, se voit aujourd'hui dans la maison de M.r *Hédiard*, docteur. Sa construction, et les figures (non mutilées) qui la décorent, en sont remarquables.

avec de belles pierres de taille, *ex lapidibus quadratis*, ce qui fut vu alors avec admiration, car ces matériaux étaient rares dans le pays. Un de nos annalistes, Geoffroy de Collon, a dit de lui, qu'il fit faire aussi des prisons près de son palais : *Iste Galterus fecit Senonis palatium novum, cum carceribus in curiâ archiepiscopali.*

Mais en 1267, la chute imprévue de la tour de pierre, ruina la plus grande partie du palais des archevêques; *Pierre de Charny*, sous le règne duquel arriva ce désastre, s'appliqua à le réparer. Cet archevêque fit placer dans le haut (au-dessus du Marché au poisson), cinq grandes statues colossales, aujourd'hui mutilées. Celle du milieu représentait Saint-Etienne; à sa droite et à sa gauche étaient Saint-Savinien et Saint-Potentien. Du côté de la cathédrale était *Pierre de Charny*, ayant les mains jointes et implorant ces trois Saints. Enfin, du côté de la Grande-rue, était la figure de Louis IX à genoux. Ce prince à cette époque n'avait pas encore été canonisé; il ne le fut qu'en 1297.

Guillaume II de Melun ajouta quelques édifices à l'archevêché, et obtint du roi Jean, en 1356, une juridiction entière pour toute l'enceinte de son palais. Les prisons et les cachots qui en dépendaient alors faisaient horreur. Autrefois, la juridiction des évêques et des ecclésiastiques était très-étendue. On cite le trait d'Odon, abbé de Sainte-Généviève, qui permit qu'une fille serve de sa terre, épousât un compagnon de l'abbaye de Saint-Germain-des-prés, à condition que l'abbé de Saint-Germain lui donnerait une autre fille serve en échange.

Gonthier de Bagneaux, prélat d'un grand mérite, n'occupa que peu de temps le siége de Sens. Il était d'une humeur sauvage et vivait fort retiré dans son palais, *sicut nycticorax in domicilio.* Il avait adopté pour emblème un hibou avec cette devise : *Habitat mens cauta recessus.* Sur la petite tourelle au nord de ce palais, près de la tour de pierre, on avait représenté, dans le haut, ce même hibou accompagné d'une petite figure qui avait l'air de s'enfuir.

En 1521, Etienne Poncher fit construire le bâtiment de l'archevêché qui longe la Grande-rue. Dans une frise circulaire, placée sous l'entablement d'une petite tourelle, où était un escalier à côté du logement du concierge, on lisait en grosses lettres frisées, hautes d'environ deux pieds, ces mots : *Costruxit : R : D : Ste : de Ponchier : Ar : Sen : Anno : Dni : M : D : XXI.*

En 1557, Louis de Bourbon fit bâtir la partie qui regarde le jardin, sauf le grand escalier que le cardinal Duperron fit faire en 1612.

M.r de Gondrin fit construire le petit corps de logis qui est sur la Grande-rue, le long du jardin, et où il plaça sa bibliothèque; et, vis-à-vis, la chapelle dite de l'Ordination, au-dessus de la grande sacristie (1).

En 1677, M.r de Montpézat fit agrandir le jardin comme il est, en achetant des maisons et une partie de la rue dite

(1) Entre la grande sacristie de la cathédrale et le grand escalier de l'archevêché, il y avait anciennement une chapelle dite de Saint-Laurent, où Richer, archevêque de Sens, fut inhumé en 1096. Cette chapelle érigée depuis en Chapitre, fut transférée par la suite dans la partie de l'archevêché où étaient autrefois les tribunaux, et où existait l'Officialité avant la révolution. Le terrain où était anciennement la chapelle de Saint-Laurent, n'était sans doute pas compris, du temps de Richer, dans l'enceinte du palais de l'archevêque.

du Pied-fort et appelée depuis de son nom *rue de Montpézat*. On a débité à tort que cette rue n'existait pas anciennement, que ce prélat l'avait fait percer pour séparer son jardin de celui des Jésuites qui occupaient alors le collége de cette ville; et le motif que l'on en donnait était qu'il avait eu à se plaindre de leur indiscrétion, parce qu'ils avaient rapporté et mal interprété une conversation que la proximité et le voisinage leur avait permis d'entendre.

De son temps (en 1683), le roi coucha dans l'archevêché. Le lendemain de son départ, le feu prit dans les écuries. Sa majesté donna à ce prélat 10,000 liv. pour relever ce bâtiment qui précédemment était de bois. Il fut rebâti en pierres et en briques, avec un fronton du côté de la cour; (c'est la partie où sont les remises).

Au bas de la partie de ce palais, occupée aujourd'hui par les corps de garde, il y avait déjà dès 1266, des petites maisons adossées; elles furent achetées par Mr de Luynes et détruites entièrement en 1787. En 1802, Mr Cave, maire alors, fit construire, dans l'emplacement où étaient autrefois ces mêmes maisons, une halle au poisson, aux deux extrémités de laquelle se trouvent aujourd'hui ces corps de garde.

SUPPLÉMENT

Contenant l'indication de quelques Tableaux et autres objets d'art, remarquables dans la Cathédrale de Sens.

Dans la chapelle de Saint-Germain est un bas-relief en marbre, par *Gois*, représentant le trait de Saint-Nicolas qui donne à un vieillard une somme d'argent pour marier ses filles. Le tableau placé sur l'autel, représentant saint Germain, est de *Parrocel*.

Dans la chapelle de Saint-Thomas de Cantorbéry, est un excellent tableau de *Bounieu*, où cet artiste a représenté une entrevue de cet archevêque avec le pape Alexandre III, en présence de Hugues de Toucy, prélat de l'église de Sens. Thomas Becquet, pour se soustraire aux persécutions de Henri II, roi d'Angleterre; et le saint Père, pour éviter celles de l'empereur Frédéric Barberousse, s'étaient réfugiés tous deux dans cette ville, en 1163. Le tableau représente le trait suivant :

« Saint Thomas, ayant rendu compte au Pape des contrariétés qu'il éprouvait pour soutenir les intérêts de l'Église, tira de son doigt son *anneau pastoral*, et le remit au St Père, en le priant de vouloir bien recevoir sa démission, se déclarant indigne d'un poste si éminent; mais le Pape replaça lui-même l'anneau au doigt du prélat et l'exhorta à continuer de combattre avec le même courage pour les droits du Seigneur. »

Dans la chapelle de la Vierge, est un grand tableau de *Restout*; et dans la même chapelle, on conserve une Vierge sculptée en pierre, qui, comme objet d'art, n'a d'autre mérite que son antiquité. Elle y fut placée en 1334, aux frais d'un chanoine de Sens.

Dans une niche, au-dessus de l'autel de cette même chapelle, on remarque une belle Vierge en marbre blanc, tenant dans ses bras l'Enfant Jésus. Elle est due au ciseau de *Lorta*, élève de *Bridan*.

Dans la chapelle de Saint-Savinien, est représenté en stuc le martyre de cet apôtre, premier évêque du pays sénonais. Les figures et les draperies, estimées des connaisseurs, ont été exécutées en 1773.

Dans la salle du Chapitre, on voit un beau Christ, peint par *Lebarbier*; les portraits de 13 archevêques de Sens, ceux du Dauphin et de la Dauphine, dont cette église possède les précieux restes et le mausolée; ceux de feu Louis XVIII, leur auguste fils, et de feu Marie-Joséphine-Louise de Savoie, son épouse; enfin, celui de Mr le maréchal du Muy, menin de monseigneur le Dauphin, et enterré à ses pieds à l'entrée du chœur.

Au-dessus de l'autel où *St-Louis* fut marié le 27 mai 1234, avec Marg. de Provence, à gauche de la principale entrée du chœur, cette cérémonie est représentée en un bas-relief estimé des connaisseurs. De l'autre côté de la grille du chœur, au-dessus de l'autel dédié à saint Martin, le même artiste a rendu, dans un autre bas-relief, le trait de ce saint archevêque de Tours, qui se dépouilla charitablement de son manteau pour en couvrir un indigent.

Le chœur de cette église, en 1826, a été décoré, du côté droit, d'un grand tableau représentant *Saint-Louis* portant la Sainte-Couronne d'épines, accompagné de l'aîné de ses frères, Robert, comte d'Artois. Cette précieuse relique étant arrivée à Sens, ces deux princes, nu-pieds et en chemise, la prirent sur leurs épaules, et la portèrent ainsi à l'église métropolitaine de Saint-Etienne, au milieu du clergé qui vint au devant en procession. Ce tableau, de la composition de Mr *Gaillot*, a fait partie des expositions du salon de peinture, en 1824. En 1831, un autre peintre, Mr *Thomas*, a exposé un tableau représentant le même sujet, et destiné à l'église de Saint-Louis d'Antin, à Paris.

En face du tableau de Saint-Louis, celui qui représente Jésus-Christ guérissant un paralytique, est de la composition de Mr *Chabord*.

TRÉSOR

DE L'ÉGLISE MÉTROPOLITAINE DE SENS.

De tout temps le *Trésor* de cette Eglise a attiré les regards des personnes religieuses, et a été examiné, avec le plus grand intérêt, par les voyageurs curieux et les amateurs des arts et des antiquités.

Beaucoup d'auteurs en ont parlé, et ont fait la description des principaux objets précieux qu'il contenait, et dont plusieurs ont disparu, pendant le cours de la révolution.

Nous ne parlerons, dans cette notice succincte, que des morceaux intéressants et des ornements les plus remarquables dont ce dépôt est encore enrichi. Puisse cette nomenclature exacte contribuer à ne pas faire perdre totalement la mémoire des choses rares que l'on ne voit toujours que trop rapidement dans ce *Trésor*.

La porte d'entrée de la sacristie est ornée de ferrements du 14e siècle. — Celle qui est sur l'escalier est aussi du même siècle; elles sont remarquables par des rinceaux et des palmettes qui annoncent le goût de l'époque.

OBJETS ANTIQUES ET CURIEUX.

I. Un des objets les plus précieux, conservés dans ce *Trésor*, est une Croix à doubles branches, dans laquelle il y a une portion du bois de la *vraie Croix*. Ce morceau a un pied de long; la branche du haut a deux pouces et demi, et celle de dessous sept pouces et demi. Cette

Croix est enchâssée dans un ancien reliquaire en or, enrichi de 2 rubis, 6 saphirs et 8 perles fines; le tout est renfermé dans une autre boîte moderne en argent, en forme de croix. L'empereur Charlemagne a fait don de cette précieuse relique à l'église de Sens, vers l'an 800.

II. Un Christ en ivoire, d'un pied 8 pouces de haut, ouvrage du célèbre Girardon, de Troyes. Sous le rapport de l'art, ce morceau peut passer pour un chef-d'œuvre. Le Crucifix est posé sur une croix en ébène, bordée de filets en argent.

III. Un Ciboire en vermeil, qui fut volé en 1541 par un jeune homme de Nevers, nommé Jean *Pagnat*, âgé de 19 ans. On le retrouva sous un tas de pierres, place de Saint-Etienne, près de la Halle au blé. Depuis cette époque, on célèbre tous les ans dans l'église métropolitaine, le 4 août, jour anniversaire de ce vol, une fête appelée de la *Récupération de la Coupe*, et l'on expose ce Ciboire pendant les offices sur le tabernacle.

IV. Une boîte cylindrique en ivoire, découpée à jour, que l'on présume, avec assez de fondement, avoir été travaillée à Bagdad, où l'on faisait fréquemment de pareils ouvrages. Dans le haut de la boîte et dans le bas, on lit deux inscriptions qui y sont gravées circulairement en caractères arabes. Voici la traduction de l'inscription du couvercle :

« La gloire dans ce monde s'acquiert par les richesses;
» et la récompense des bonnes œuvres est la gloire et le
» bonheur. Lorsque la fortune ne t'est pas favorable en
» quelque affaire, embrasse alors fortement la patience;
» autrement tu perdrais ta récompense, et tu n'aurais ni
» la félicité de ce monde ni celle de l'autre. »

Traduction de l'inscription du bas de la boîte :

« Puisses-tu, pendant toute la durée de tes jours, vivre » dans toute sorte de délices, et posséder la gloire, la vic- » toire, la bonne fortune, le rang le plus éminent, la no- » blesse, la dignité, les louanges et toute sorte de biens. »

Cette boîte ne remonte pas plus haut que le 4e siècle de l'hégire.

V. Une autre boîte ronde, en ivoire, présumée être du 3e siècle, représentant une chasse aux lions et aux panthères.

VI. Une autre boîte de forme carrée, en ivoire, présumée être du 15e siècle, et représentant quelques traits de l'ancien et du nouveau testament.

VII. Un grand coffre en ivoire, à douze faces, et datant de la fin du 12e siècle. On lui donnait anciennement le nom de *Catacombe*, parce qu'il renfermait des reliques. Le couvercle est de forme pyramidale; le bord est orné d'un cercle de cuivre émaillé, qui doit être aussi ancien que les plaques d'ivoire. Des événements de l'histoire de *Joseph*, et de celle de *David*, y sont sculptés et placés autour sur trois rangées. Voici les 12 sujets représentés dans le rang inférieur.

1er David étouffe un loup qui lui avait enlevé un agneau.

2e Il tue un ours avec sa massue; plus loin il étrangle un lion; ces deux actions sont séparées par un arbre.

3e Samuel ne reconnaît point, parmi les sept fils d'Isaï qui lui sont présentés, celui que le Seigneur lui a ordonné d'oindre. Isaï témoigne par un geste qu'il va chercher son plus jeune fils.

4e Samuel oint David, avec une huile contenue dans une corne, suivant l'usage du temps.

5e Un envoyé de Saül apporte à David l'ordre pour le conduire à la Cour.

6e Saül fait David son écuyer. *(Ce cadre devrait être placé après le suivant.)*

7e Samuel présente David à Saül, qui depuis l'a fait son écuyer.

8e Les Hébreux et les Philistins sont en présence. Goliath est à cheval. David va lui lancer sa fronde.

9e David porte la tête du géant Goliath au bout d'une pique. — Une femme danse devant une tour de la ville; le commandant est dans le haut.

10e Saül sur son trône lance plusieurs traits à David. Près de-là sont Donathan fils de Saül, et Abner, son écuyer.

11e David se glisse derrière le roi, et lui coupe le bas de son manteau.

12e Saül s'éloigne à cheval. David lui montre le bout de son manteau, comme un signe de sa modération.

Fin des cadres relatifs à David.

Traits de la vie de *Joseph*, représentés dans la rangée du milieu.

13e Joseph raconte ses songes à ses frères.

14e Les frères de Joseph le dépouillent, avant de le jeter dans la citerne.

15e Joseph est retiré de la citerne, pour être vendu à des marchands Madianites.

16e Ces marchands et les frères de Joseph concluent leur marché.

17e Les marchands reçoivent le prix de leur marché, sur le dos de Joseph qui est renversé, suivant l'usage de ce temps.

18e Le sujet contenu dans ce cadre ne peut être expliqué. *(Il paraît avoir été déplacé comme le cadre ci-dessus n° 6, auquel il tient.)* On y voit un personnage auquel un homme armé d'un sabre présente un enfant. On pourrait croire qu'on a voulu représenter dans ce cadre un officier amenant à Pharaon Joseph, qu'il a fait sortir de prison, pour lui expliquer ses songes. Ce trait devrait être placé après le n° 28 ci-après.

19e Jacob reconnaît la tunique de Joseph que ses frères lui disent avoir été dévoré par des bêtes féroces.

20e Le jeune Joseph est conduit par des marchands montés sur des chameaux.

21e Il est présenté à Putiphar et à sa femme.

22e La femme de Putiphar, voulant séduire Joseph, lui arrache son manteau.

23e Elle présente ce manteau à son mari, en accusant Joseph.

24e Putiphar reproche à Joseph le crime dont on l'accuse.

TRAITS du rang supérieur placés sur le couvercle.

25e Joseph explique ses songes au pannetier et à l'échanson du roi Pharaon, qui sont prisonniers avec lui. Deux gardes sont placés derrière.

26e L'échanson, suivant la prédiction de Joseph, est mis en liberté.

27e Vision de Pharaon : 7 vaches maigres, 7 vaches grasses.

28° Joseph est délivré pour aller expliquer ses songes à Pharaon.

29° Il est nommé ministre, traîné dans un char, et un ange lui pose une couronne sur la tête.

30° Joseph, dans le haut, est représenté devant une table chargée de mets. Il montre la coupe retrouvée dans le sac de Benjamin. Judas prosterné veut être mis en esclavage, en place de Benjamin.

31° Jacob arrive dans un char. Les soldats de Pharaon paraissent étonnés.

32° Joseph, dans un char, en descend pour aller embrasser son père.

(Nota. *Le trait placé dans le haut de ce cadre est difficile à expliquer; il semble représenter Abel tué par Caïn, ou le sacrifice d'Abraham.*)

33° Joseph est à table avec ses frères; à côté de lui est une femme que l'on croit être Aseneth que Pharaon lui avait fait épouser.

34° On ne peut expliquer ce cadre qui n'a pas trait à la vie de Joseph.

35° Joseph reçoit avec joie Benjamin qu'il reconnaît.

36° Ce cadre représente une partie du convoi de Jacob. Dans le haut, deux de ses fils se disposent à l'enterrer.

Le haut des 12 cadres de la boîte représente dans des cintres plusieurs animaux, et principalement des lions et des paons, séparés entre eux par un cône de pin. Il y a dans d'autres cintres des griffons aux prises avec un serpent ou un taureau ou un cerf.

Dans plusieurs des cadres, on remarque encore quelques traces d'inscriptions en caractères grecs qui ont disparu presque entièrement.

VIII. Un grand peigne en ivoire, à deux fins, qui a servi, dit-on, à saint Loup, évêque de Sens, dans le 6e siècle, aux ordinations, pour conférer la tonsure. On lit sur ce peigne : *pecten sancti Lupi*. Il est orné de pierres occidentales, et de figures d'animaux. L'inscription est du 13e siècle, ainsi que le cercle en cuivre.

IX. Un anneau du même archevêque, orné d'un saphir occidental. Le jonc est terminé à chaque extrémité par des têtes d'animaux gothiques.

X. L'anneau du pape Grégoire XI qui avait été grand-archidiacre de Sens. C'est une améthyste sur laquelle on a gravé le nom de Grégoire XI, la date de 1378, avec une tiare et un christ.

XI. Deux grands bas-reliefs en argent, décorant la châsse de *saint Loup*. L'un représente ce prélat faisant cesser un incendie à Melun; dans l'autre, on le voit guérissant des malades et des estropiés. On attribue ces deux bas-reliefs à un célèbre orfèvre nommé Thomas *Germain*. Ils sont très-estimés des connaisseurs.

XII. Deux petits bas-reliefs en argent attribués au même artiste, destinés à décorer une châsse contenant des reliques de *saint Savinien* et de *saint Potentien*; ils sont d'un très-bon goût, et représentent : l'un, *saint Savinien*, baptisant *saint Sérotin*; l'autre, *saint Potentien*, auquel des bourreaux coupent le bras.

XIII. Une lampe en vermeil, donnée par Mme la Duchesse d'Angoulême, en 1821.

XIV. Un très-riche manteau donné par Charles X, pour le service du Dauphin, son père.

XV. L'étui qui contenait le bâton du maréchal *Félix du Muy*, inhumé dans l'église de Sens. On y voit ses armes au couvercle, avec sa devise F. F. F. c'est-à-dire *Felices fuerunt fideles* (les *Félix* furent fidèles.)

XVI. Une lettre autographe de *saint Vincent de Paul*, datée du 8 juin 1660, écrite au révérend Père Chastelain, religieux, directeur de l'hôpital de Joigny. Cette lettre, placée entre deux verres sous cadre, est portée sur un piédestal.

XVII. Quatre magnifiques contre-retables en tapisserie, brodés en soie et en or.

Le premier, qui date du temps de Charles V, représente l'adoration des Mages. On croit qu'il a été donné à l'église de Sens, par le cardinal Louis de Bourbon-Vendôme, archevêque de cette ville. On y voit les armes de sa famille, et la devise *nespoir, ne peur*, avec le chiffre CH en gothique; c'était celui de Charles de Bourbon, l'un des ancêtres de ce cardinal. Ce contre-rétable est de la fin du 15e siècle. Ce prélat était oncle de Henri IV.

La seconde tapisserie, qui est du 13e siècle, et d'un plus beau travail, représente d'un côté Salomon couronnant Bethzabé, de l'autre Esther aux pieds d'Assuérus, et au milieu le couronnement de la Vierge. On croit que cette tapisserie a été faite à Nancy. On l'appelait le parement de la reine Marguerite.

La troisième tapisserie représente une descente de Croix; on y voit aussi saint Michel terrassant le dragon, et saint Étienne qui tient une palme. Dans le bas sont représentés la Création du Monde et le Déluge. Ces mots : *memento, cinis es* (souviens-toi que tu es cendre et poussière) sont répétés plusieurs fois de chaque côté. (Il y a une bordure ajoutée, qu'on croit être du 13ᵉ siècle.) Dans le haut on lit ces mots : *In salicibus in medio ejus suspendimus organa nostra*, Ps. 136. (Nous avons suspendu nos instruments de musique aux saules qui sont au milieu de cette contrée.) Cette tapisserie est du 15ᵉ siècle.

Enfin, le quatrième morceau de tapisserie représente une Gloire avec des Anges jouant de divers instruments de musique. On y voit aussi comme dans la 1ʳᵉ tapisserie les armes du cardinal de Bourbon.

XVIII. Les habits de Saint-Thomas Becquet, archevêque de Cantorbéry, consistants en une chasuble, une aube, une étole, un manipule, un cordon, deux mitres et deux collets. Cet archevêque persécuté par Henri II, roi d'Angleterre, se réfugia à Sens, en 1162.

RELIQUES ET CHASSES.

On conserve dans ce TRÉSOR une grande quantité de RELIQUES vénérables; nous ne citerons ici que celles dont on conserve les authentiques :

1° La tête de *saint Victor*, martyr de la légion Thébéenne, mort pour la foi en 302.

2° Celle de *saint Romain*, abbé. Il vivait vers l'an 575.

3° Des reliques de *saint Potentien*, second évêque de Sens; il siégeait vers l'an 240.

4° Un os du bras de *saint Siméon* le juste.

5° Des reliques de *saint Ebbon*, évêque de Sens. Il siégeait vers l'an 740.

6° Un os du bras de *saint Sébastien*, martyrisé vers l'an 286.

7° Des reliques de *saint Emmon*, évêque de Sens. Il siégeait vers l'an 675.

8° Des reliques de *saint Grégoire*, pape, mort vers l'an 604.

9° Des reliques de *saint Wulfran*, apôtre des Frisons, évêque de Sens. Il siégeait vers l'an 693.

10° Le buste de *saint Bond*, pénitent, dans l'intérieur duquel est conservée sa tête. Il vivait au commencement du 7e siècle.

11° Le buste de *sainte Catherine* de Sienne, dans l'intérieur duquel est conservée sa tête. Elle vivait vers l'an 1308.

12° Le buste de *saint Loup*, dans l'intérieur duquel est conservée sa tête. Ce prélat siégeait en 623.

13° Une châsse contenant une grande partie de son corps.

14° Une châsse contenant des reliques de *sainte Colombe*, martyrisée vers l'an 273, dans un lieu au nord de la ville où depuis a été bâtie une célèbre abbaye.

15° Une châsse contenant des reliques de *sainte Paule*. Elle vivait vers l'an 404.

16° Une autre contenant celles de 40 martyrs qui périrent par ordre de Licinius, empereur romain, en 316.

17° Enfin une autre contenant des reliques de *saint Honobert* et de *saint Honulphe*, tous deux archevêques de Sens, morts l'un en 650 et l'autre en 653.

TABLEAUX DES SACRISTIES.

Dans la première on voit un tableau représentant saint Joseph, l'Enfant-Jesus, et saint Jean-Baptiste caressant un agneau.

Un autre représentant saint François de Sales, accompagné de deux anges.

Et un autre représentant la Cène.

Dans la seconde sacristie, sur l'autel, il y a une copie de la belle Madeleine, de *Lebrun*, qui se voyait autrefois au Val-de-Grâce (c'était le portrait de la duchesse de la Vallière.)

Une Vierge tenant l'Enfant-Jésus.

Une Madeleine que l'on dit être une copie de *Raphaël.*

Un tableau représentant le martyre de saint Etienne.

Un autre que l'on dit être un original du *Valentin*, représentant l'incrédulité de saint Thomas.

Un autre représentant Isaac donnant à Jacob sa bénédiction.

Un autre représentant une Descente de Croix.

Enfin, un autre représentant l'apparition de trois Anges qui annoncent à Abraham qu'il aura un fils.

DESCRIPTION DU RÉTABLE D'OR

QUI ÉTAIT PLACÉ ANCIENNEMENT SUR LE MAITRE-AUTEL DE SAINT-ÉTIENNE DE SENS.

L'église de Sens possédait encore, vers le milieu du siècle dernier, un magnifique *Rétable d'or*, placé sur le maître-autel. Beaucoup d'auteurs ont parlé de cet ouvrage précieux, et notamment Mabillon, l'abbé Lebeuf (*voy. Merc. de France* 1727, p. 483), et E. David, *Essai historique sur la Sculpture française, etc.*

Ce rétable ou contre-rétable, appelé aussi autrefois la table d'or, fut donné à son église par l'archevêque de Sens *Sévin ou Séguin*, élevé sur ce siége en 977, et mort en 999. Nos historiens disent que le même prélat en avait aussi donné un autre en 978. Il était en argent doré, et l'on rapporte qu'il fut vendu pour payer les frais de construction de la vieille tour (dite depuis la *tour de plomb.*) On ignore ce qu'il représentait.

C'est à tort que l'on a dit que *saint Eloi* avait travaillé à cet ouvrage. Ce saint, habile et ingénieux orfèvre, était mort plus de 300 ans auparavant. Il est rapporté par nos historiens que ce rétable fut fait par deux chanoines de Sens, orfèvres, nommés *Bernelin* et *Bernuin*, qui l'enrichirent de pierreries, et y ajoutèrent des inscriptions, la plupart en mauvais vers rimés, que nous citerons plus loin.

Saint Eloi, dont nous venons de parler, orna en 644 le tombeau de sainte Colombe de Sens, ainsi que la châsse où fut placée une partie de ses reliques, le tout aux frais du roi Dagobert; il était administrateur du monastère dont cette sainte était la patronne; et il fonda aussi à Paris une église du même nom. Il avait appris son état d'orfévre chez *Abbon*, maître de la monnaie de Limoges. Saint Théau, religieux, apprit aussi l'orfévrerie sous saint Eloi. La reine Emma, épouse du roi Raoul, qui a été enterré à Sainte-Colombe, attacha au tombeau de saint Germain, à Auxerre, des colliers ou joyaux où l'on voyait le nom de saint Eloi.

Lebeuf dit que le Chapitre de Sens ne fut pas le seul qui comptait des orfévres parmi ses chanoines. Auxerre en eut aussi et même des chanoines peintres et vitriers. Geoffroy de Champallement, évêque de cette ville, était grand ami des arts. Il institua spécialement des prébendes pour des chanoines artistes. Les moines de Cluny savaient aussi beaucoup apprécier ces talents, tandis que l'ordre de Cîteaux en faisait peu de cas.

Le *rétable d'or* de l'église de Sens avait 9 pieds 3 pouces de long sur 3 pieds 6 pouces de hauteur. Il était placé sur un grand parquet en menuiserie qui avait 5 à 6 pouces d'épaisseur, et sur lequel était fixé ce rétable composé de plusieurs compartiments relevés en bosse, le tout de forme et de dessin gothique. Au-dedans étaient des figures en bas-relief. Le tout était orné de filigranes d'or et enrichi de pierres précieuses la plupart brutes. Quelques-unes étaient gravées, et plusieurs représentaient même des traits de l'histoire profane.

Toute la surface du rétable était recouverte de lames d'or, même les encadrements. Les figures en bosse étaient en dessous remplies de mastic. Notre-Seigneur, accompagné de 2 anges qui lui présentent chacun une couronne, était au milieu dans une losange; aux 4 côtés étaient 4 chérubins. A gauche des spectateurs, étaient saint Jean-Baptiste, et à droite la Sainte Vierge couronnée. Ces deux figures étaient placées dans des encadrements circulaires. Les 4 Évangélistes étaient représentés aux 4 coins; et dans les 4 angles du rétable, on remarquait des traits de la vie de saint Étienne.

On ne découvrait ce rétable que deux fois par an, aux deux fêtes de saint Étienne, les 3 août et 26 décembre, ce qui attirait, ces jours-là, une grande affluence de peuple de la ville et des environs.

Ce morceau précieux fut porté à la Monnaie en 1760, suivant les intentions de Louis XV, au grand regret des habitants de Sens. Le Chapitre en toucha une somme de 40,000 fr. dont une partie fut placée sur le Clergé de France, et le trésorier de l'église de Sens en touchait annuellement une rente de 2,400 fr.

Avant que le Chapitre envoyât ce morceau rare et curieux à la Monnaie, un peintre de Sens, nommé Lambinet, en fit une copie exacte, d'après laquelle nous avons fait cette description.

Le Chapitre de Sens qui était fort opulent, aurait dû faire tous ses efforts pour conserver ce précieux rétable, monument très-recommandable des antiquités de l'Eglise de Sens, et en donner la valeur en numéraire; mais Louis XV pour subvenir aux besoins de la guerre en 1760 exigea de semblables sacrifices de toutes les églises de France; et celle de Paris n'en fut pas exempte, car elle fut obligée de se dépouiller d'une garniture de très-beaux chandeliers en argent qui avaient été exécutés par le fameux *Ballin*, orfévre sous Louis XIV, et d'un grand candélabre en argent que la même église devait à la munificence d'Anne d'Autriche, épouse de Louis XIII.

L'enlèvement de la *table d'or* excita à Sens des murmures et un mécontentement général contre MM. du Chapitre. Une chanson satirique fut répandue, en 10 couplets, ainsi qu'une sentence du Parnasse français contre cette pièce de vers qui commençait par ces mots : *Abrégé de ce que dit tout le monde.* On y reproche à MM. du Chapitre d'avoir agi avec trop de précipitation, d'avoir vendu cette belle table d'or que *Sévin* avait donnée 900 ans auparavant, ouvrage antique et curieux qui était la chose la plus précieuse de leur église et de leur trésor ; d'avoir imité Pilate qui avait lâchement consenti à livrer Jésus, pour être crucifié. On finit par dire, en assez mauvais vers :

Vous ne la verrez plus, dans notre cathédrale ;
Courez la voir au marché de la halle.
Vous l'y verrez réduite en espèce, en monnoie,
Tristesse et pleurs pourront remplacer votre joie.

L'arche sainte autrefois fut prise,
Dans sa place elle fut remise.
Votre coupe qui fut volée
Ne fut-elle pas retrouvée ?
Mais votre table d'or, ah ! l'on aura beau faire,
Jamais ne rentrera dans votre sanctuaire.

INSCRIPTIONS

Placées autour des Figures du Rétable d'or.

On lit au-dessus de la tête de Notre-Seigneur : REX REGVM, et de chaque côté l'*alpha* et l'*omega*. Autour de l'*al-*

pha, il y a ces mots : *Ppium sine Ppio (principium sine principio.)* Aux quatre coins du Père éternel, on lit ces 4 vers placés chacun au-dessus de la tête de 4 Chérubins :

Quem notat esse loco pictura superficialis;
Qui loca cuncta replet, non est tamen ipse localis.
Trinus ab æterno Deus, unus cuncta guberno.
Solus cuncta rego, trinus et unus ego.

Près des 4 Chérubins sont représentés les 4 Évangélistes, et devant chacun d'eux est un pupitre avec le saint Évangile. Les inscriptions suivantes se lisent, savoir : Au-dessus de la tête de saint Mathieu qui est accompagné d'un ange : *Verum hominem Christum vultum designo per istum*, et sur le livre : *liber generationis Jesu Christi.*

A saint Marc accompagné du lion, on lit : *Victorem mortis Christum signat leo fortis*, et sur l'Evangile on lit : *initium evangelii Jesu Christi filii Dei.*

A saint Luc, accompagné d'un bœuf, on lit : *Victima quod, Christe, fueris bos indicat iste*, et sur l'Evangile : *fuit in diebus Herodis, regis Judææ, sacerdos.*

A saint Jean, accompagné d'un aigle, on lit : *In Christi numen aquilinum dirigo lumen*, et au-dessous de ses pieds : *principium verbum, verbum Deus et Deus ipsum; semper erit verbum principio quod erat.* Sur l'Evangile on lit : *In principio erat verbum.*

Sur la banderole que l'aigle tient dans son bec, il y a une † et un A, et sur le devant du pupitre une † et un B.

A côté de N.-S., à droite, dans le rétable, est représentée la Sainte Vierge; on lit de chaque côté en grec : *Mater Dei*, et au-dessus de sa tête : *Qu—inspirante Deo genitrix et filia fio.*

A gauche de Notre-Seigneur est représenté saint Jean-Baptiste; on lit au-dessus de sa tête : *Formam Baptistæ designat circulus iste.*

Des traits de la vie de saint Etienne sont représentés dans les 4 angles du rétable. Dans le 1er, à gauche du spectateur, on voit le conseil des Juifs avec les Scribes et les Pharisiens disputant. Les uns disent :

Non voluit verè nasci Deus ex muliere.

D'autres disent :

Qui cruce mortuus est, non Deus esse potest.

Autour de ces figures, on lit :

Certant Judæi tàm scribæ quàm Pharisæi
Doctores legis, cum summi milite regis.

Dans le second angle, on voit Saul assis sur un tas d'habits; on lit autour :

Hunc habuit Saulum juvenem lex, gratia Paulum.
Christus eum lavit Stephani prece quem lapidavit.

Dans le troisième angle, saint Etienne est représenté à genoux, ayant sa dalmatique. Trois Juifs le lapident. On y lit :

Torrentes lapides amplector ut hostia fiam,
Sed ne defficiam, sufficit una fides.

Au quatrième angle, saint Etienne assis tient dans ses bras le livre d'Evangile. On lit au-dessus :

In cruce damnatus Deus est ex Virgine natus.
Hæc lex testatur quæ tibi stultè datur.

A côté de la figure, on lit :

Inspirante Deo martyr concludit Hæbræo
Finis adest legis cum deficit unctio regis.

SUR LES ANCIENNES CLOCHES

DE LA CATHÉDRALE DE SENS,

ET LES INSCRIPTIONS QU'ON Y LISAIT.

Les *clochers* des églises ont été construits dans l'origine pour contenir des *cloches* qui devaient convoquer les fidèles aux offices divins. Les deux tours de la cathédrale de Sens qui ont été élevées pour tenir lieu de clochers, ont été pourvues de cloches célèbres par leur grosseur, leurs belles formes et leur accord merveilleux.

Nous avons parlé, p. 61 et suiv. des deux énormes bourdons placés en 1560 dans la tour de pierre; il nous reste à entrer dans quelques détails sur les 8 cloches qui étaient dans la tour de plomb, et qui, en janvier 1794, furent descendues et conduites à Paris, à l'Hôtel des Monnaies, pour être converties en sous de billon.

Voici les noms de ces 8 cloches, leur poids et les années où elles ont été fondues.

CLOCHES.	POIDS *en livres.*	FONDUES *en*
Etiennette	17,794	1629.
Marie . .	11,000	1524.
Paule . .	7,000	1565.
Colombe . .	6,500	16 8.
Gervaise .	5,000	1715.
Victorine.	4,000	1771.
Madeleine	3,000	1565.
Charlotte.	3,000	1677.

Les cloches *Etiennette* et *Marie* servaient à sonner le tocsin; et tous les matins, la messe dite *coupetée*, parcequ'on la sonnait à petits coups. Cette messe se disait à quatre heures en été et à cinq heures en hiver. Les cloches *Madeleine* et *Charlotte* étaient destinées à sonner prime.

En août 1565, le cardinal de *Pellevé*, archevêque de Sens, fit fondre 7 cloches qui, lors de leur baptême, furent nommées par les enfants de chœur. Ce prélat composa pour chacune une inscription soit en vers, soit en prose, que nous rapportons ci-après. Plusieurs de ces cloches se sont cassées depuis cette époque, et ont été remplacées. La cloche *Marie*, la plus ancienne, avait été fondue en 1524. Elle fut conduite comme les autres à Paris en 1794.

Voy. ci-devant p. 64 et 66, ce que nous avons dit sur une ancienne cloche *Marie*, qui fut, en 613, sonnée par ordre de saint Loup, alors évêque de Sens, et laquelle fit fuir une armée qui était venue assiéger cette ville.

INSCRIPTION DE LA CLOCHE ÉTIENNETTE.

Cum fuerit Stephanus *divino numine plenus*,
Me Stephanam *voluit nominis esse sui*,

Traduction. Etienne était plein de l'amour divin; Etienne a voulu que je portasse son nom.

INSCRIPTION DE LA CLOCHE PAULE.

Ipsa undis liquido tellus digesta metallo,
Et priùs exanimis, nunc animata sono.
(Plusieurs mots manquent) *pia cura sepultos;*
Evocat ad cultum Paula sonora Dei.

Traduction. On m'a donné la forme d'une cloche avec la terre et l'eau; ensuite je suis devenue cloche en métal; d'abord inanimée, maintenant animée je rends des sons..... Je fais rendre les derniers devoirs aux défunts; *Paule* devenue sonore rassemble les fidèles pour le culte divin.

INSCRIPTION DE LA CLOCHE COLOMBE.

Huit sœurs ici sommes de divers sons,
Et néanmoins quand de Dieu nous chantons
La grand'bonté, la gloire et les louanges,
Sommes d'accord autant que les saints anges,
Desquels je suis *Colombe* surnommée;
Et pour la foi de mon sang couronnée;
Toutes faisons un assez beau mélange.

INSCRIPTION DE LA CLOCHE GERVAISE,
Fondue en 1565.

Sus, sus! mes sœurs, ébranlons-nous,
Et chantons un Dieu débonnaire,
Qui les tempêtes fasse taire,
Et soit à son peuple plus doux.
Moi qui suis *Gervaise*, à tous coups,
Inviter vous veux à ce faire.

INSCRIPTION D'UNE NOUVELLE CLOCHE GERVAISE,
Fondue en 1715, pour remplacer l'ancienne, cassée.

Hæc campana in pristinum decorem renovata, ad gloriam Dei omnipotentis, et in honorem sancti Gervasii martyris, benedicta fuit, sedente Senonis Harduino pontifice. Anno M. DCC. XV.

Traduction. Cette cloche refondue en mémoire de son antiquité, et à cause de son utilité, pour la gloire du Dieu tout-puissant, et en l'honneur de *Saint Gervais*, martyr, a été bénite, sous le pontificat de Hardouin, (Fortin de la Hoguette) archevêque de Sens, l'an 1715.

Nota. Elle fut bénite par le savant *Fenel*, doyen de la cathédrale de Sens.

INSCRIPTION DE LA CLOCHE VICTORINE OU VICTOIRE,
Fondue en 1565.

A Victore meo victrix mea nomina sumpsi,
Angélicos inter ducere docta sonos.

Au bas on lit : *Gabriel Mongeot me fecit, in porticu capituli Senonensis*. 1565.

Traduction. Mon nom est *Victoire*. Je le tiens de *Victor*. J'ai appris à mêler mes sons à la voix des anges. — Gabriel *Mongeot* m'a fondue dans la cour du chapitre de Sens. 1565.

INSCRIPTION DE LA CLOCHE MADELEINE,
Fondue en 1565.

Magdalena, satis f.esti; nunc voce procellas
Discute; da nostro cantica læta Deo.

Traduction. Tu as assez pleuré, *Madeleine;* maintenant dissipe par ta voix les orages, et donne à notre Dieu d'harmonieux cantiques.

INSCRIPTION D'UNE ANCIENNE CLOCHE APPELÉE JEANNE
Fondue en 1565, cassée en 1656, et remplacée par une autre appelée *Charlotte*, fondue peu de temps après.

Fundite, mortales, mecum pia vota Joanni;
Cui placidos fundam dicta Joanna *sonos.*

Traduction. Oh ! mortels, adressez avec moi vos prières à Saint-Jean ; et moi, qui ai reçu le nom de *Jeanne,* je chercherai à lui plaire par mes sons agréables.

Outre les 8 cloches dont nous venons de parler, 3 autres qui étaient placées dans un clocher appelé *clocher du chapitre*, ont été également descendues en 1794, et transportées à Paris, à l'Hôtel des Monnaies.

Ce clocher, construit au-dessus de la croisée ou transept de l'église, était remarquable par son élégance et sa hardiesse. Parmi les ornements dont il était décoré, il y avait nombre de dauphins, pour faire allusion au Dauphin, depuis Charles V dit le Sage, qui avait fait élever cette flèche à ses frais (vers l'an 1360).

Ce prince était venu souvent à Sens, et y avait logé à l'Hôtel des Tournelles. (aujourd'hui le grand séminaire en occupe l'emplacement.) On avait aussi sculpté des dauphins au-dessus de la porte de cet hôtel.

Les 3 cloches placées dans ce clocher (1) portaient le nom d'*Appaux*, c.-à.-d. cloches qui *appellent* ; ou de *Maineaux*, (2) c.-à.-d. les *moindres.* A Paris, il y avait aussi, à Notre-Dame, des cloches qu'on appelait les *moineaux*, et qui étaient d'une *moindre* grosseur.

---

(1) Ce clocher a été abattu et détruit en 1791, ainsi qu'un autre clocher qui existait sur l'église de Saint-Didier, et un autre sur l'église de l'abbaye de Saint-Jean, aujourd'hui l'Hôpital. Le plomb dont ils étaient couverts, les bois et les autres matériaux ont été vendus, et le produit en a été employé à la construction de la salle de la Société populaire ou Club, et à d'autres dépenses de ce genre.

(2) En terme d'eaux-et-forêts, les arbres *maineaux* désignent les *moindres.*

De ces 3 cloches, l'une avait un son argentin et très éclatant ; elle servait à convoquer les assemblées du Chapitre. Les 2 autres servaient à appeler ou à avertir les sonneurs, les jours de grande sonnerie, ou pour d'autres usages de l'église. Leur poids était de 500, 400 et 300 livres.

Les cloches de l'horloge placées dans la lanterne, qui termine la tour de pierre, sont plus anciennes que toutes celles dont nous venons de parler (voy. ci devant p. 13 et 14, et p. 72 et suiv.) Elles ont été fondues en 1376 et 1377.

Deux cloches qui étaient dans la tour dite de plomb ont été transportées dans les premiers mois de 1840, dans la tour de pierre, où sont les deux bourdons.

Ces 2 cloches sont :

1° L'ancienne cloche de la *Commune*, placée autrefois au-dessus de la porte Commune (aujourd'hui remplacée par la porte Dauphine) et qui servait à sonner le tocsin et les assemblées de la Commune. Elle pèse environ 450 livres, et porte circulairement une inscription en partie effacée et illisible.

2° Une autre cloche, fondue en 1819, à Champigny-sur-Yonne, d'après un legs et les intentions de Madame veuve Jodrillat, pèse 1550 livres environ, et le battant 74 livres.

On y lit l'inscription suivante :

L'an 1819, j'ai été nommée à la bénédiction, Louise-Thérèse, par les Altesses Royales, Monseigneur le duc d'*Angoulême*, et Madame Royale, duchesse d'*Angoulême*, mes parrain et marraine représentés par M. le Comte de *Laurencin*, ancien lieutenant-colonel de dragons, chevalier des ordres de Saint-Louis et de Saint-Jean de Jérusalem, maire de la Ville de Sens, et par Madame veuve *Benoît de la Mothe*, fille de Madame *Jodrillat*, donataire de trois mille francs, pour me fondre;

J'ai reçu la bénédiction en présence de MM. de *Formanoir*, curé-doyen de la paroisse de Saint-Etienne, *Blanchet*, ancien officier forestier, *Billebault*, sieur *du Hay*, et *Miron*, sieur *de Pont-le-Roy*, ancien magistrat, chevalier de la légion-d'honneur, marguilliers, représentant les paroissiens, pour l'usage et au profit desquels le legs a été fait le 20 juin 1818, devant M. *Meignen*, notaire à Bray-sur-Seine.

Au bas on lit : MM. *Lombard* et les *Cochois* frères, fondeurs.

Les 2 tours de la cathédrale de Sens devraient être pareilles, de la même hauteur, et terminées de même, suivant les droits des métropoles, pour la régularité de la construction de leurs tours ; mais il y a, en France, très-peu d'exemples de la stricte observation de ces droits.

Les cathédrales métropolitaines avaient, dit-on, le droit d'avoir 2 tours ou 2 clochers semblables. Les Collégiales et les abbayes, qui étaient de fondation royale, jouissaient du même privilége.

Les cathédrales des évêchés suffragants avaient 2 tours, mais inégales.

Les églises des paroisses et des monastères ne pouvaient avoir qu'un seul clocher.

Enfin les propriétaires des châteaux et domaines seigneuriaux avaient aussi le droit de faire élever, au-dessus des chapelles de leurs manoirs, diverses espèces de tours, suivant leur puissance et l'étendue de leur juridiction.

La tour de plomb est terminée par un coq ou girouette placé au-dessus d'une croix et d'une énorme boule en cuivre. Ce coq et cette boule ont été restaurés en janvier 1821. Dans l'ancienne boule il y avait une inscription gravée sur une petite plaque de plomb; elle a été replacée dans la nouvelle boule avec une nouvelle inscription ; nous les rapportons ici l'une et l'autre :

ANCIENNE INSCRIPTION.

O l'au Mil CCCC LVIJ fust mise le VIJ jour de septembre. — Melun.

Nota. Cette signature ne peut être que celle de Louis de *Melun*, archev. de Sens, qui a siégé de 1432 à 1474.

SECONDE INSCRIPTION.

Cette boule, surmontée d'une croix et d'un coq, suivant l'inscription ci-jointe, a été posée le VII septembre de l'an 1457, sous Louis de *Melun*, archevêque de Sens.

Tombant de vétusté, elle a été restaurée en janvier 1821, sous le règne de Louis XVIII, et sous le pontificat de Mgr. *de la Fare*, archevêque de Sens.

Au bas on lit : Bertier, charpentier. — *Marseille*, couvreur.

Pourquoi a-t-on choisi ou préféré le *coq* pour le placer au haut des clochers en forme de girouette ? Il tourne sur un pivot, et porte une queue fort large, pour donner plus de prise au vent. Les chrétiens ne pouvaient-ils pas choisir la *colombe*, cet oiseau d'heureux augure qui apporta dans l'arche de Noé, une branche d'olivier; ou le *pigeon*, cet emblême de l'Esprit-Saint ? mais les chrétiens ont vu dans le *coq* le symbole de la vigilance ; il désigne le chef de l'Église qui doit veiller sur le troupeau confié à ses ordres. Cet oiseau rappelle donc le coq de Saint-Pierre. Les anciens Seigneurs français en plaçant cet oiseau au haut de leurs tours ou de leurs donjons, ont vu dans le nom latin de *Gallus*, coq, celui de *Gallus*, gaulois. Le premier qui, dans les temps anciens, plaça une girouette au haut d'un édifice fut Andronic de Cyrrha, à Athènes, mais ce fut un *triton* d'airain que le vent faisait tourner alors sur un pivot.

CHAPELLES
DE
L'ÉGLISE CATHÉDRALE.

On comptait jusqu'à 27 chapelles qui faisaient autrefois partie de cette église; plusieurs n'existent plus aujourd'hui; nous allons en faire ici une description succinte, en rapportant quelques faits historiques qui se rattachent à leur fondation ou à leur décoration.

5 chapelles existaient au côté droit de la nef.
5 — — au côté gauche.
3 — — au côté droit du chœur.
2 — — au côté gauche.
3 — — derrière le chœur.
1 — — derrière le maître-autel du chœur.
2 — — dans la croisée.
1 — — adossée à un pilier de la nef, dite la chapelle des Sallazar, ou l'autel de Marbre.
5 — — hors du vaisseau de l'église, dont 2 chapelles dans les tours, une dans le palais de l'archevêque, une autre dans le cloître, et une autre dans le trésor.

—

27 chapelles.

Les plus anciennes chapelles étaient celle de Saint-Jean, celle de la Vierge et celle de Saint-Savinien. La construction de celle de la vierge est plus ancienne que les bas-côtés de l'église. Il y avait autrefois derrière les autels de ces 3 chapelles, de petites sacristies comme on en voit encore une à la chapelle de la Vierge. La chapelle de Sainte-Croix, autrefois paroisse (voy. ci-dessous 1.) avait aussi une sacristie derrière l'autel.

A la fin du 13e siècle, l'usage était d'adosser les autels aux murs mêmes. Précédemment ils étaient isolés, et l'on tournait autour pour encenser, comme on fait au maître-autel du chœur.

CHAPELLES PLACÉES A DROITE DE LA NEF.

1. *Chapelle de Sainte-Croix.* Elle servait autrefois de paroisse pour les habitants du cloître de Saint-Etienne, et pour ceux de la grande place. Il y avait sacristie, chaire, banc-d'œuvre, cloches particulières, etc. Le curé de cette paroisse ne faisait pas partie du collége des 13 prêtres-cardinaux ou 13 curés de la ville de Sens qui assistaient l'archevêque dans diverses cérémonies ou fonctions, comme celle de la bénédiction des saintes huiles.

Cette chapelle sert aujourd'hui de baptistère. — Elle est construite au-dessous de la tour de pierre.

2. *Chapelle de Sainte Anne.* La famille de *Voisines* y avait sa sépulture. On y voyait de belles tombes, dont les dessins sont conservés au cabinet du roi. *(Voy. Rech. hist. sur Sens, p. 133).*

3. *Chapelle de Saint-Eutrope.* Elle a été fondée en 1317, par Guillaume *du Plessis*, chanoine de Sens, en l'honneur

de la Sainte-Vierge et de Saint-Eutrope. Elle fut restaurée en 1530, par Nic. *Richer*, et Nic. *Fritard*, son neveu, tous deux chanoines de Sens, qui y firent placer de beaux vitraux peints par Jean *Cousin*. Nic. Richer, mort le 11 février 1534 a été inhumé dans le bas-côté, vis-à-vis de cette chapelle. Nic. Fritard a été inhumé dans la chapelle Sainte-Colombe, ci après p. 144. Il y a aussi, au-dessus de l'autel de cette chapelle, un retable curieux sculpté en pierre, dont nous avons parlé, ainsi que du vitrail (Voy. p. 90, ci-devant).

4. *Chapelle de Sainte-Marguerite,* appelée aussi *de Saint-Eloi* et *de Saint-Maur*, fondée en 1267, sous Guill. de Brosse 1er, archev. de Sens, par Nicolas, camérier du pape Grégoire IX, son oncle.

5. *Chapelle de Saint-Jacques et de Saint-Philippe.* Fondée par Etienne de *Thorigny*, gentilhomme sénonais, en 1295. Elle a été décorée par M. l'abbé *de Marsangy*, chanoine de Sens, puis trésorier en 1758. Il y fit poser une grille en 1779, et placer au-dessus de l'autel l'image de Saint-Bernard, son patron.

M. l'abbé de Formanoir, curé de Sens, a aussi fait embellir cette chapelle, en 1817, et placer ses armoiries dans le bas du vitrail (champ d'azur, semé de croisettes d'or, au lion-d'or; couronne de marquis, 2 levrettes pour supports).

CHAPELLES PLACÉES A GAUCHE DE LA NEF.

1. *Chapelle de Saint Denis.* Elle est placée au-dessus du sépulcre. On y monte par un petit escalier; anciennement, avant la construction du sépulcre, il y avait un passage par une porte dite de Saint-Denis, pour aller au cloître.

(Voy. ci-devant p. 106.) Les figures qui existent encore à cette porte, à l'extérieur, sont bien conservées ; on y voit saint Denis au milieu des anges.

2. *Chapelle de Saint-Fiacre.* Suivant acte capitulaire du 17 août 1744, Mme la marquise de *Lévis*, étant décédée à l'abbaye de Notre-Dame, au faubourg de Saint-Antoine, fut enterrée dans cette chapelle, sur la demande faite par M. Languet, archevêque, et du consentement du curé de Saint-Didier, paroisse dont dépendait le faubourg Saint-Antoine. Le service se fit au son des cloches des 2 tours.

Voici l'épitaphe composée pour sa tombe :

« Ci-gît haute et puissante dame Madame Anne *de Lévis*, veuve de Monseigneur François-Philippe-Eléasar *de Lévis*, marquis de *Châteaumorand*, seigneur de la paroisse de Valromey et autres lieux, décédée le 16 août 1741, en l'abbaye de Notre-Dame de cette ville, et enterrée en ce lieu par la permission de MM. du chapitre, et par les soins de haute et puissante dame Philiberte *Languet*, épouse de Monseigneur le comte *de Lévis*, fils de ladite défunte dame, et dudit marquis de *Châteaumorand*, laquelle a fait poser cette épitaphe.

3. *Chapelle de Saint-Germain et de Saint-Loup.* Elle fut fondée et bâtie en 1298 par Thibault, écuyer, bourgeois de Sens, sous Etienne Béquart, arch. *(fecit capellam in honorem Sti Lupi, arch. Senon. et Sti Germani episc. Altissiodorensis).*

Nicolas de *Livry*, év. de Callinique, *in partibus*, et chan. honoraire de Sens, fit décorer cette chapelle en 1778 ; il y fit placer une belle grille, un lambris au pourtour, un tableau sur l'autel peint par Parrocel, représentant Saint-Germain, et un beau bas-relief en face, par *Goix*, sculpteur habile, représentant un trait de Saint-Nicolas, son patron. Le tout coûta 9,000 fr. (Voy. ci-dev., p. 109).

Ce trait de la vie de saint Nicolas, mariant de jeunes

filles, et payant leurs dots, est souvent représenté. On peut le voir encore, dans cette cathédrale, dans une vitre au dessus de la chapelle de la Vierge; les autres panneaux contiennent d'autres traits ou miracles de ce bon évêque de Myre.

On n'a pu donner encore une explication satisfaisante du choix que les procureurs ont fait de saint Nicolas pour leur patron. Quel rapport y a-t-il entre lui et les gens de loi qui vivent de séparations, et qui quelquefois ébrèchent la modique fortune de la veuve et de l'orphelin ?

4. *Chapelle de Saint-Aubin.* Fondée et bâtie par Etienne de *Thorigny*, noble citoyen de Sens, sous Etienne Béquard, (vers 1307). Il avait aussi fondé celle de Saint-Jacques (Voy. p. 139.)

5. *Chapelle de Saint-Sulpice et de Saint-Firmin.* Fondée et bâtie par Thibault *Bellote*, natif de Sens, archidiacre d'Etampes en 1296. Le revenu de cette chapelle, qui était de 200 liv., était affecté à l'entretien des enfants de chœur.

CHAPELLES A DROITE DU CHOEUR.

1. *Chapelle de la Vierge.* Elle est la plus ancienne de la cathédrale. (Voy. ci-devant, p. 5 et suiv.) Thibault de Champagne, chanoine de Sens et grand archidiacre, y fonda en 1150, un chapitre de 4 prébendes, appelé *chapitre de Notre-Dame.* Il fut enterré dans cette chapelle, et sa figure, sculptée en pierre, y était représentée à genoux, le long du mur méridionnal, et placée sur un cul-de-lampe.

Emmanuel *de Janud*, (que l'on croit être de Jaulnes près Bray), chanoine de Sens, fit placer à un pilier, à gauche, en 1334, une statue de la Vierge; comme monument, elle n'a guères d'autre mérite que son antiquité.

Jean Viemont, chanoine de Notre-Dame, fit sculpter, en 1574, au-dessus du maître-autel, dans différents encadrements, séparés par des colonnes, plusieurs traits de la vie de la Vierge, et notamment l'Annonciation, la Nativité, et sainte Elisabeth se prosternant devant la sainte Vierge. Le devant de l'autel est décoré d'un bas-relief en pierre, représentant le serpent qui vient tenter Ève, et, dans le fond, la Vierge portant l'enfant Jésus, et se disposant à écraser la tête du serpent. On lit au bas : *ipsa conteret caput tuum, et tu insidiaberis calcaneo illius* (Genes. 3.) Elle te brisera la tête, et toi, tu lui briseras le talon.

La chapelle de la Vierge était autrefois séparée de l'église de Saint-Étienne ; et le bas-côté n'existait pas, car on lit dans la vie de Saint-Loup, que ce saint prélat rencontra saint Villebaud dans le passage, entre Notre-Dame et Saint-Etienne. — Outre la principale entrée, donnant dans la Croisée, il y avait une autre porte donnant dans le bas-côté; elle fut supprimée en 1764.

Cette madone a attiré de tout temps, et attire encore de nos jours, la vénération des fidèles. On lui a attribué une foule de guérisons. On place souvent, devant la figure de cette Vierge antique, un cierge allumé, et l'on fait dire une neuvaine pour obtenir, par l'intercession de la mère du Sauveur, la conservation d'une personne chère, atteinte d'une maladie grave ou désespérée.

Ce monument est curieux à cause de la singularité des figures placées dans les bas-reliefs qui en décorent la base. En suivant de gauche à droite, elles représentent l'Annonciation, la Visitation et la Nativité. La naissance du Sauveur y est surtout rendue avec des détails bizarres. Marie est couchée et Joseph est appuyé sur le pied du lit et la regarde. Au-dessus est un grand panier où repose l'enfant Jésus, entre le bœuf et l'âne. Une lampe est suspendue au-dessus de Jésus (Millin, dans son *Voyage dans le Midi de la France*, y a vu à tort un encensoir). Auprès on remarque le roi David, jouant de la harpe, comme pour se réjouir du triomphe de sa race.

Cette Vierge fut placée d'abord en 1334, sur l'autel même de la chapelle. En 1570, elle en a été déplacée, et fixée au pilier où on la voit aujourd'hui, par les soins de Jean *Viemont*, chanoine du chapitre de Notre-Dame.

2. *Chapelle de Saint-Martial.* Pierre *Roger*, archev. de Sens, et depuis pape sous le nom de Clément VI, fonda cette chapelle qu'il dédia à Saint-Martial, év. de Limoges. Dans le vitrage, on remarque 2 écussons, dans l'un sont 2 clefs en sautoir, et dans l'autre les armes de P. Roger, avec une tiare au-dessus.

Avant 1746, cette chapelle servait de sacristie, et elle était fermée par un mur et non par une grille. La grille fut faite et placée en 1767, par les libéralités de M. *Mahiet*, chanoine, auquel on doit le *Cérémonial de l'église de Sens*, publié en 1769; 1 vol. in-4°.

3. *Chapelle de Saint-Mammès et de Sainte-Appoline.* Elle fut fondée par Guillaume Aubenton.

Il y avait une porte donnant dans la cour du palais de l'archevêque, par laquelle ce prélat entrait dans son église les jours de cérémonies ordinaires; aux grandes cérémonies, il devait passer par la grande porte latérale de l'église, côté du sud.

CHAPELLES A GAUCHE DE LA NEF.

1. *Chapelle de Saint-Thomas de Cantorbéry.* Elle fut d'abord dédiée à Saint-Eustache (on voit dans le vitrail au-dessus, plusieurs traits du martyre de ce saint); ensuite elle fut consacrée à l'Ange gardien, et enfin elle a été nommée chapelle de Saint-Thomas. (Voy. ci-dev. p. 110).

Le *sépulcre* était autrefois derrière cette chapelle, dans la cour du chapitre; on s'y rendait en traversant cette chapelle. Le *sépulcre* en 1765 fut transféré sous la chapelle de Saint-Denis. (Voy. ci-dev. p. 106 et p. 139).

2. *Chapelle de Saint-Jean.* Elle est une des plus anciennes de l'église. (Voy. p. 83 et suiv.) Elle était desservie par un chapitre de 4 chanoines, dont la fondation remonte à 1175. Cette chapelle paraît avoir été bâtie vers l'an 1122, sous Daimbert. Celle de Notre-Dame l'a été sous Henri Sanglier, en 1142, époque où Thibaut, son fondateur, entra à l'abbaye de Cluny, vers le temps où Abailard s'y retira aussi, après sa condamnation au concile de Sens (en 1140).

Dans cette chapelle ont été placés, pendant bien longtemps, les fonts baptismaux qui ont été transférés depuis 1802, dans la chapelle de Sainte-Croix (V. ci dev. p. 138). Autrefois le baptême se donnait par triple immersion, 2 fois seulement par an, les veilles de Pâques et de la Pentecôte.

Pendant les premiers siècles de l'église, il n'y avait dans une grande ville, quelque grande qu'elle fût, qu'un seul grand baptistère, et pour toute la contrée; et il était ordinairement sous l'invocation de saint Jean-Baptiste. L'usage de ces grandes immersions a duré jusqu'au milieu du 13e siècle.

CHAPELLES PLACÉES DERRIÈRE LE CHOEUR.

1. *Chapelle de Saint-Savinien.* Il y avait anciennement sous l'emplacement de cette chapelle et des 2 adjacentes des cryptes qui furent supprimées par la suite. Cette chapelle a été construite avant l'an 1206.

Le martyre de Saint-Savinien, construit en stuc, en 1773, et placé en forme de retable, au-dessus de l'autel, est l'ouvrage d'un artiste habile, nommé Joseph Hermand, alsacien, le même qui en 1762, a élevé et décoré les 2 autels de Saint-Louis et de Saint-Martin, de chaque côté de la belle grille du chœur.

Jusqu'à la déclaration du roi, du 10 mars 1776, on a pu enterrer dans cette chapelle, comme dans le reste de l'église.

2. *Chapelle de Notre-Dame-de-Lorette*, appelée aussi *Chapelle claire*, et quelquefois en latin *Virginis de ará cæli.* (Voy. sur le vitrail placé au-dessus de l'autel, ci-dev p. 91). Nicolas *Fritard*, et son oncle, Nicolas *Richer*, tou deux chanoines, ont fait décorer cette chapelle en 1540, des deniers d'une croisade dont ils devaient faire partie comme députés, et qui n'eut pas lieu. Nicolas Fritard a eu sa sépulture dans cette chapelle, en 1564.

Le cardinal de Luynes, en 1782, fit placer à ses frais, dans cette chapelle, une vierge tenant l'enfant Jésus, ouvrage de *Lorta*, sculpteur. Le même prélat y a été inhumé en 1788, mais ses cendres ont été exhumées en 1794, et portées dans le cimetière public, sur l'esplanade.

3. *Chapelle de Sainte-Colombe.* Elle est de construction

moderne, et n'a été achevée de bâtir qu'en 1710; en 1723, le 10 juin, la voûte tomba, et elle ne fut relevée qu'en 1731.

Mgr. Richard de Waterford, évêque de Lismore, qui en 1711 fut exilé et chassé de son siége, pour cause de religion, fut accueilli à Sens, par M. de la Hoguette, arch. de cette ville. Il y fut par la suite nommé trésorier de l'église; et mourut le 25 mars 1739, âgé de près de 89 ans. Il fut inhumé dans un caveau placé sous cette chapelle, et dont l'entrée est dans le bas-côté, devant la grille. Plusieurs autres dignitaires y ont eu également leur sépulture.

CHAPELLE OU AUTEL DE SAINT-PIERRE,

Derrière le maître-autel du chœur.

Cet autel existait autrefois dans le chœur, derrière le maître-autel. Dans l'arcade au-dessus de cet autel il y avait anciennement douze châsses que l'on plaça en 1728 dans le Trésor. Il y avait un Chapitre de 4 chanoines de Saint-Pierre, fondé en 1189.

CHAPELLES DE LA CROISÉE,

A droite et à gauche de l'entrée principale du chœur.

1. *Chapelle de Saint-Louis*, à gauche. Saint-Louis fut marié dans l'emplacement où a depuis été construit cet autel, le 27 mai 1234. (Voy. ci-dev., p. 111).

Le beau jubé construit en stuc, par Joseph Hermand, ne fut terminé qu'en l'année 1763. Auparavant la chapelle de Saint-Louis était placée et enfoncée ainsi que celle de Saint-Martin, sous les colonnes qui soutenaient l'ancien jubé.

2. *Chapelle de Saint-Martin*, à droite. Elle fut fondée sous Adémar Robert, vers l'an 1380, par Nicolas de Vères, fils d'un pauvre pêcheur de Pont-sur Yonne, que ses talents et sa haute piété élevèrent successivement aux dignités de grand archidiacre de Sens, évêque de Châlons-sur-Saône, puis cardinal du titre de Saint-Martin-du-Mont. Il avait été aussi secrétaire de Charles V. (Voy. pour sa construction la chapelle de Saint-Louis qui précède).

CHAPELLE ADOSSÉ A UN PILIER DE LA NEF.

Elle consistait en un autel surmonté d'un grand retable en pierre, sculpté et décoré d'ornements, de niches et autres accessoires, travaillés avec un goût exquis et annonçant le commencement de la renaissance.

En face de cet autel, construit aux frais de Tristan de *Sallazar*, était placé le mausolée de la famille de ce prélat, qui a été détruit en 1794. Sur quatre hautes colonnes en marbre noir, supportant une large table de marbre, étaient placées les figures, à genoux, de *Sallazar*, de son père et de sa mère.

CHAPELLES HORS DU VAISSEAU DE L'ÉGLISE.

1. *Chapelle de Saint-Vincent*. Un doyen de Sens, nommé Philippe de Mantes, fonda cette chapelle, dans la *Tour de pierre*, en 1222, et la dota de bons revenus. La figure de Saint-Vincent placée dans une grande niche, à l'extérieur, à l'aspect du midi, a fait longtemps appeler cette tour du nom de *Saint-Vincent*. Depuis elle a été plus connue sous celui de *Tour de pierre*. (Voy. ci-dev. p. 102).

2. *Chapelle de Saint-Michel*. Elle existait anciennement dans la *Tour de plomb*. MM. du chapitre, en juillet 1770, en changèrent la destination et y firent placer leurs archives. (Voy. ci-dev. p. 102).

L'office de Saint-Michel se faisait depuis dans la chapelle de l'Ange gardien, appelée ensuite de Saint-Thomas-de-Cantorbéry.

3. *Chapelle de Saint-Laurent.* Cette chapelle existait dans le palais de l'archevêque et elle a été transférée depuis dans les dépendances de l'Officialité (au-dessus des corps-de-garde). Il y avait un chapitre composé de 7 prébendes qui rapportaient 300 livres à chacun des titulaires, seulement pour assister, une fois par an, à la fête de Saint-Laurent, dont l'office les occupait 3 jours de suite. — *Richer*, archevêque de Sens, fut inhumé dans l'ancienne chapelle de Saint-Laurent. — M. de *Gondrin*, archevêque, voulut obliger les chanoines à desservir la nouvelle chapelle ; ils acceptèrent cette charge, à condition qu'il leur donnerait le logement et la table, comme faisoient ses prédécesseurs ; ces conditions assoupirent les exigences du prélat. (Voy. p. 108, la note).

4. *Chapelle de Saint-Cyr.* (Voy. p. 105).

5. *Chapelle de la Madeleine, dite du Trésor.* Elle est au fond des sacristies de l'église. Il y avait autrefois un chapitre de deux prébendés qui desservaient cette chapelle. Sa fondation a précédé celle du chapitre de Saint-Jean, qui date de 1175.

FIN.

www.ingramcontent.com/pod-product-compliance
Ingram Content Group UK Ltd.
Pitfield, Milton Keynes, MK11 3LW, UK
UKHW020254250726
13967UKWH00004B/1669